道德經的人生智慧

曾仕强 著

中国书店

图书在版编目（CIP）数据

道德经的人生智慧 / 曾仕强著 .—北京：中国书店，2022.3（2023.10 重印）
ISBN 978-7-5149-2851-8

Ⅰ. ①道…　Ⅱ. ①曾…　Ⅲ. ①道家—人生哲学—通俗读物　Ⅳ. ① B223-49

中国版本图书馆 CIP 数据核字（2021）第 191373 号

道德经的人生智慧

作　　者：曾仕强
责任编辑：李宏书

出版发行：中国书店
地　　址：北京市西城区琉璃厂东街 115 号
邮　　编：100050
印　　刷：天津文林印务有限公司
开　　本：787 毫米 ×1092 毫米　1/16
版　　次：2022 年 3 月第 1 版　2023 年 10 月第 3 次印刷
印　　张：12
书　　号：ISBN 978-7-5149-2851-8
定　　价：58.00 元

道德经的人生智慧

目录 /CONTENTS

贰

道法自然，道是基本规律

叁

上善若水，行道是价值的体现

肆

见素抱朴，朴素人生的实现

伍

致虚守静，养生之道的探索

自序

《道德经》源于易

中华文化，源自伏羲一画开天、神农画地而耕、黄帝道政合一、尧舜贵族推举、禹汤传位有道、文武明堂清庙、孔子集其大成。老子之《道德经》，以其本源、玄妙、高明、博大的观点来解说易道，将天道、地道、人道的先天本有合称为“道”，与儒家“思知人不可以不知天”的理论相呼应，也符合《周易》中所说的“一阴一阳之谓道”的观点。

“道生一，一生二，二生三，三生万物。”“道”先于天地而生，所以能生万物。

其实我们生而为人，不必刻意求道。道生万物，终生不离开我们，一直在我们的身上。道生万物，万物最后复归于道。这就是周而复始，循环不已，生生不息。

道就是自然，人人各有其分，各有其位，也必须各尽其责，这便是“道法自然”的真义。道虽然不曾离开我们，却也一直没有主宰我们，任我们自化，人人都是“自作自受”。

为什么说“道可道，非常道”？因为常道为天体，无形无相而永恒不变，名为“玄德”；不可言宣，虚灵充满于宇宙全体，所以叫“无极”。“道”是虚的，才能容实。自宇宙万物到伦常日用，自先天后天到阴阳变化，无不一以贯之。看似玄妙，却十分实用。老子之《道德经》，分开来看为五千言，合起来想则只有一个“道”字，再深一层，再进一步，连这一个字都无了。既无言说，又有何争？换言之，就是无争于天下，所以天下莫能与之争。

“道”是用来力行的，我们应该一步一步，从实践当中明道。人生的价值，即在“行道”。行道有所得，便是道德。老子说，失“道”而后“德”，将无形无迹的“道”体无心地流露出来，才是上“德”。一旦有了居心，失“德”而后“仁”，失“仁”而后“义”，失“义”而后“礼”，就已经不是自然地流露了。老子生于春秋时期，当时“礼”被用作争权夺利的手段和剽窃名位的工具，因此老子认为“礼”表示忠信的不足，不幸成为祸乱的开端。老子所抨击的，是不合“道”的礼，希望大家恢复自然流露、不受外在制约的“德”。

道德是中华儿女共同的最高信仰，也是人类最为高贵的价值之

自序

一。万物莫不尊“道”而贵“德”，因为修之于身，其“德”乃真，修得好可以成“真人”；修之于家，其“德”乃余；修之于乡，其“德”乃长；修之于邦，其“德”乃丰；修之于天下，其“德”乃普。这些都是充实自我之后，自然地流露，丝毫不存心，也不强求。可见“功成不名有，衣养万物而不为主”，才是“道”的本质，每个人都依循自己的“道”，积自己的“德”，也就是自在地过自己的生活，才是上“德”。

“道”的法则，是“反者道之动，弱者道之用”。中国古代思想家认为物极必反，无论什么事物，当它发展到极点时，必然朝相反的方向发展，这是宇宙自然发展的基本规律之一。人类是大自然的一部分，人类社会的发展，也就不可能违反大自然的基本规律。

人会愈来愈老，物会愈来愈旧，事情会愈发展愈糟。时间向坏的方向流动，我们应该做的，不过是依循“反者道之动”的法则：以“反”老还童的心态，来延缓愈来愈老；以继旧开新的方式，来旧调重谈，反而弹得更响；以不断地合理调整，使事情由糟“反”顺，愈来愈受大众欢迎。“反”邪归正，实在易如反掌；“反”璞归真，当然不是反复无常。

“道”的本体不变，现象却在不断地变化。万物变化多端，令人眼花缭乱。现代人大多只看到了变易的现象，却忘掉了不易的道体；误以为“新”即“进化”，断定一切旧的，都不如新的。宇宙在“变”，时代在“流”，却不知“变”中有“常”，“流”中有“住”。

老子说：“知常曰明，不知常，妄作，凶。”因为变中有“常”，若能超越时空，便没有了“新”“旧”的区别。倘若不能把握住变中之“常”，必然头痛医头、脚痛医脚，只知治标而不知治本。世界固然瞬息万变，但并不表示一切都在改变，我们反而应该特别重视某些永恒不变的“常”则。人类的责任，即在于使变化有规律，并且向善。不可以盲目或任性地“求新求变”，以免“妄作”而招致凶祸。

盲目地“求新求变”，显示人心太急躁。老子说：“万物并作，吾以观复。”“复”即复卦所说的天地之心，而“观复”便是观天地之心。万物由一而生，所以一即一切；又从万殊中复归于一本，就是各复归其根。归根即复命，而复命便是“常”。既然所有的事物最后都将回归原点，我们最好顺其自然，使一切事务都顺其本性来发展，这就是“无为”。

老子说：“曲则全，枉则直，洼则盈，敝则新，少则得，多则惑。”这便是要我们委曲求全，放软身段，做一个正直的人；尽量谦卑，自然圆满；不浪费，才能心安理得；减低物质欲望，以免自招迷惑。曲、枉、洼、敝，都是弱的一面。弱，才是道之用。

无为，真正的意思是不违反自然；无不为，就是不主宰自然。老子说："道大，天大，地大，人亦大。"人为万物之灵，具有与动物不同的神圣责任。我们每一个人，都应多负一点责任，少计较权利、义务。我们的所作所为，都应该顺其自然，少一点刻意而为的痕迹。

我们从社会中所得太多，就应多反馈社会，人人都应该为社会大众服务。这时候要特别小心，不要留下任何后遗症，这才合乎《周易》所说的"无咎"。

看似完美的东西，实际上仍有欠缺，未济卦紧接着既济卦，这就是道体。道体是大成的，如果整全了，便会固定下来。正因为有欠缺，才会持续变化，永不停息。道是虚的，才能容纳所有的事物。人能谦虚，能虚怀若谷，就什么都容得下。谦卦的六爻皆吉，天、地、人、鬼、神，无不欢喜！

老子说："大直若屈，大巧若拙，大辩若讷。"其中三个"大"字都代表"道"。我们要行道，必须坚持"三大法宝"，即老子所说的"一曰慈，二曰俭，三曰不敢为天下先"。

"慈"的作用十分广大，柔中有刚，阴中有阳。有了慈爱才能天下无敌，立于不败之地。慈于人则得人，慈于物则润物。

“俭”指节俭，不浪费。节省精力可以走得更远，节省钱财可以做更多的服务。将资源储存起来，让后世子孙可以广为运用，实在是我们这一代人的责任。

“不敢为天下先”的意思是不忘本。本即是道，是天地自然。人不能离道，不能违道，更不应该叛道，所以不能忘本。本立而道生，人因此才能成为万物之长、万物之灵。

老子所讲的上述三宝，都是天道。自然的规律不可违背，顺之就吉祥，逆之便可能有凶祸。所以老子说：“今舍慈且勇，舍俭且广，舍后且先，死矣！”

道在天地，称为“道”，在人身上，叫作“德”。我们的言行举止表现得合乎“道”的要求，就是“德”；表现得不合乎“道”的要求，就是失“德”。守住做人的基本道理，就等于牢牢地抱住道的根源，即为不忘本。老子说：“天道无亲，常与善人。”老天爷当然要照顾有德之人，这样才合乎自然的规律。

对于大家耳熟能详的“上善若水”四个字，老子明确指出，水有七善：“居善地，心善渊，与善仁，言善信，正善治，事善能，动善时。”将水的七善合起来看，就只有“不争”两个字。一切事情，能掌握时机，顺应形势，做到大家都没有感觉，好像没有发生一样，才叫作“不争”。老子说：“夫唯不争，故无尤。”人若是不跟万物争，万物自然没有怨尤。

水的不争是无心的，老子的不争不是做给别人看的，老子根本没有争的念头，是真正的上善若水。

现代社会有些人做事常存功利心。倘若依循老子所说的“生而不有，为而不恃，功成而弗居”，使老子不再有“吾言甚易知，甚易行。天下莫能知，莫能行”的感慨，那就是有道世界在有情人间的具体体现了。

我们深信：

儒道本一家，都在阐明易理。

儒道释同心，社会自然和谐。

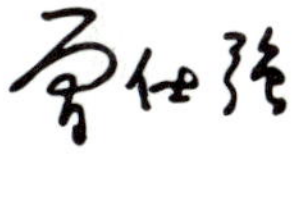

壹

尊道贵德，
道德是最高信仰

老子传道：说真话

| 用正确的心态了解老子 |

这一次，我们要来探讨老子的《道德经》。要探讨《道德经》，有好几条路，因为《道德经》涵盖的内容实在太广博了，无论从哪一方面去讨论，都有很多条路，所以叫作“条条大路通《道德经》”。那我们现在要走哪一条路呢？你从每条路进去，所看到的内容都不太一样，因此，我们这一次要选一条少有人走的、有更广阔视野的路。

在西汉景帝以前，《道德经》不叫《道德经》，那时候根本没有“道德经”这个名词，大家就叫这本书为《老子》，表示这是一本由老子写的书。这就表明，《老子》当时还没有得到完全的认可，统治者并不认为大家都应该学它。但是汉景帝很了不起，我们知道，文景时期是推崇老子的学问的，汉景帝根据自己实践的心得，认为《老子》太了不起了，所以不应该叫作“子”，应该提升它的位阶，叫作“经”。

经是不容易变动的，是不能乱改的，是人们必须经常要去做的，而且它是很正经的。可见，当老子所写的书被提升到“经”的位阶的时候，它对中国人的影响就更大了。到了唐玄宗的时候，《道德经》被尊称为“真经”。

我们一般人，想到真就想到假，想到假就想到真，老子就是要破除我们的这种常规认识。我个人认为，这些观念并非不好或不正当，而是没有必要，如果你把真和假相对，认为非假即真、非真即假，那你将终生痛苦不堪。

这里举个例子。你去一家古董店，看到一件很喜欢的古董，就问店主，这个是真的还是假的？店主说这个不是假的。他为什么不说这个是真的，而只说这个不是假的？两者之间有什么区别，又暗藏着什么道理？店主的意思是说，这件古董是不是真的，我不知道。这个玉璜，它的确是玉的，但是不是当年古人用的那个玉璜，我不知道。所以我不敢说它是真的。这就给我们一个很深的印象，就是说，真的跟假的不一定是相对的。通过《周易》的观念，大家很容易想到，有一部分是真的，有一部分是假的。真的很少，假的也很少。最多的是什么？非真非假，又真又假。这样一来，很多人就开始搞不懂了，真的跟假的都很少，那最多的那一部分是什么呢？一个字，就叫“实”。所以，现在读老子的书，我们一定要记住，真假当中还有一个东西叫作“实”。所以，中国人经常讲“我们说实话”，很少讲“我们说真话”。凡是说“我们说真话”的，大部分都是假的。因为我们的能力有限，充其量只能说实话。

科学说要追求真理，但是现在我们都知道，始终追求真理是件很难做到的事。因为真理是谁都不知道的，科学只能告诉我们实话。所以，我们说“这一件事经过科学的证实”，没有用“证真”二字。证真，那谁也不知道是真的，还是假的。只说“证实”，为什么？我看到了，我做实验了。我们说的也是“实验”，没有说“真验”。所以，这里有两句话，大家先把它搞清楚，到底是“眼见为真”，还是“眼见为实”？中国人比较喜欢眼见为实，因为我们知道眼睛只能看到实的东西，但是它究竟真不真呢？大部分是不真的。自然界中有那么多种颜色，我们只能看到其中的一部分，很大一部分我们是看不见的，因为我们眼睛的功能是有局限性的。

眼睛常常会欺骗我们。比如，一个静止不动的图像，但是当你的眼睛移动时，是不是觉得它在旋转？而且你越紧张，它旋转的速度就会越快。老子早在几千年前就告诉我们：眼见并不为真。

很多人读了《道德经》以后，心里就想，原来道家是谋阴的，老子的心机是不正的，读《道德经》读到最后人就不道德了。这种误解老子思想的情况太严重，我们必须把它说出来。否则的话，不是很冤枉老子吗？

我们现在可以看到，老子对我们的影响，也是一阴一阳两种都有。从这里可以证明，中华文化的根源是《周易》，老子是在解释《周易》中最高级的那一部分。所以他告诉我们，中国人要怎么样怎么样。可是很多人听到的是相反的，这是老子很无奈的地方，也是我们为什么不一下子就开始讲《道德经》第一章、第二章……的原因。我们一定要把那些基础的、长期以来被误解的，甚至于产生了破坏性影响的东西先挖掘出来，说清楚，再用一种正确的心态去了解老子，这才是我们要做的工作。我们真正了解《道德经》以后，应该可以把负面的影响降到最低，这样才有意义。

老子的《道德经》一共只有五千两百多字。中国人讲《道德经》五千言，如果按照西方标准，就不能超过一个字，超过一个字就是不真。当我们讲老子的文章一共有五千个字，我们知道这其中有一些弹性，可以少一点，也可以多一点。所以，现在《道德经》的版本很多，其中有一个版本正好五千个字，这反而可能不是真的。当然，很遗憾，老子亲手写的那一版已经失传了。我不知道大家认为失传了是好事还是坏事，这值得我们去思考。这不见得是好事，也不见得是坏事。这样讲就对了。所以，讲到这里，我们就非常清楚了，读老子的书，我们首先要检讨自己。我们以往都是按照自己的常识来判断，这个是对的，那个是错的。但是，我们一定要记住，我们的常识本身也有问题。如果标准不正确，那么你判断出来的东西可能正确吗？因此我们必须抱着很冷静、很恭敬、很真诚的态度，好好地看看老子的文章，然后回过头来要调整自己，而不是用自己的看法，来判断老子的理论对或错。我们不是来批判老子的，而是来了解他为什么写了这五千多字。

民智已开，可以讲道

我们要了解老子，要了解当时那种情境之下的老子，而不是用我们现在的思维方式来想象老子。

我曾在朋友家里看到一幅画。如果这幅画没有标题，你也不能很明确地说出它的意思。画中是一个老人和一只老虎，老人和老虎好像很亲近。那这个老人是驯兽师吗，专门驯服老虎？我希望大家用几个角度来看这幅画。

画面上老人背后的圈圈的含义，是这幅画的关键。你说是太阳，那真的是太阳吗？你说是月亮，那真的是月亮吗？你说“我知道了，那是代表圣人有很大的能量”。是这样吗？其实，这个圆圈既不代表太阳，也不代表月亮，更不代表能量，因为在老子的观念里，没有这些东西。

画中的这位老人就是老子，圆圈就是道。老子跟老虎讲什么呢？就讲道。只有讲道老虎才听得懂，讲其他的老虎全不懂。老子为什么要去跟老虎说话呢？这个才是对我们最大的启发。老子想要告诉我们，《道德经》要讲的是真话，而讲真话是有高度危险性的，就好像跟老虎讲话一样。老虎代表什么？代表诸子百家。诸子百家都非常有学问，但各有不同立场，讲出妥当的话，就成了一家之言。可是，这也造成了很多的纷争，大家各说各话，每个人都说自己对。讲到这里，大家应该会恍然大悟：我们现在所处的时代其实和老子的那个时代相差不远——多元化，公说公有理，婆说婆有理，到底谁有理，谁都不知道。老子很着急，这样还得了？所以他就想要讲真话。可是讲真话是一件很危险的事情。所以老子就说，那我干脆出关去吧。

老子出关的时候，大概事先就知道有人会想要留住他，想要他留下一些宝贵的心得。这个时候老子就抓住机会，干脆豁出去了，写了真话，之后就“莫知其所踪”。

从这个角度来了解《道德经》，我们猜想老子会比较高兴，因为我们终于知道他在讲些什么，以及他为什么要这样讲了。而且，这幅画还有一个更深层的意思，叫作“卧虎藏龙”。老虎为什么要卧在那里呢？因为它够凶猛，一只够凶猛的老虎随时可以卧倒，它不在乎：你能把我怎么样？你惹我，我一站起来你就完了。老子呢？老子是龙。老子为什么是龙呢？这是孔子讲的，孔子见过老子以后，回去人家问他，老子这个人怎么样啊？孔子说：我看别人我都看得懂，我看老子看不懂，因为他跟龙一样。

据说孔子仰慕老子的学问，携众弟子前去问道。而老子见到孔子时并不说话，只是张开嘴，让孔子看他残缺的牙齿和完好的舌头。众弟子都疑惑不解，孔子却领悟到了老子的意思：牙齿虽刚强，却残缺不全了；舌头虽柔弱，却保全至今。

所以孔子说老子像龙。到底谁是强者，谁是弱者？老虎当然强了，老子所讲的都是弱，都是柔。老子知道，他再强也强不过老虎。可是老子的哲学里面很明确地告诉我们：柔弱胜刚强。

从这幅画里面，我们还可以看出：画这幅画的人，本身也是个道学修养很高的人，他就这么画一画，什么都不说，看大家能够悟到多少。可是，老子也是不讲悟的，老子讲什么？我在后面会慢慢把它说出来。不要用我们的常识去了解老子，否则老子是很冤枉的。他当时大可优哉游哉地过生活，他干吗写完真话以后就"莫知其所踪"？这是有玄机的，就是要提醒我们：人应该说真话。可是，第一，你有没有能力说真话？第二，你说了真话人家会不会相信？你经常说真话人家是不相信的，你说假话，反而很多人相信，到现在还是这样。你说了真话，会怎么样？会变成笑话——你说真话，后患无穷，那就是笑话了。

因此，这幅画的标题只有简单的四个字：老子传道。

我今天敢在这里讲真话，不是说我不怕老虎，也绝对不是说我比老子高明。而是说，时代背景让我可以不必冒大的风险，开始要讲真话。但是不管怎么样，讲真话永远是得罪人的，讲真话永远是对说的人不利的。这不是很蠢吗？我怎么敢冒这个险呢？大家慢慢看下去，就可以了解。现在民智已开，资讯发达，我们讲真话的时机已经到了。如果我们现在再不说真话，那人类真的是太危险了。我们不是冒险，也不是故意标榜，而是说，这几千年来，我们曲解、误解了老子，甚至读了半天《道德经》还搞不懂。

天下没有坏事，因为那时是时机未到，可现在是时机已到。我讲完以后大家便会觉得，这真是我们这个时代最需要的东西。

以上，是我这一次经过长期准备，要把老子真正讲得比较清楚的用意。

究竟何为道

道是什么

我们读一本书，最喜欢问此书讲的是什么内容、最主要的思想是什么。那么，《道德经》到底是讲什么的？它是讲道的。

什么是道？道是一个抽象的、假设性的名词，它可以代表我们所要知道的一切概念。我们先从假设何为道开始，然后再推导出我们想要的那些预知。这就是《道德经》，非常灵活，也非常玄妙。

《道德经》第二十五章中老子说：“有物混成，先天地生，寂兮寥兮，独立不改，周行而不殆，可以为天下母。吾不知其名，字之曰道，强为之名曰大。”其中的“物”，就是指“道”。它是“含含糊糊、搞不清楚”的，可是已经存在了，所以叫作“有物混成”。它的特点是什么？“先天地生”，它比天地还要早，那是不是说，道生天地？不是这样的。老子说的是，在天地还是一片混沌的时候，道就已经存在了，开天辟地之时，道就开始产生作用。尽管这样，老子还是要替我们描述一下，这个混成的道是怎么回事——“寂兮寥兮”。寂，是寂静的意思，没有声音，不声不响；寥是没有形状，我们看不出它是什么样子，不知其所从何来。但是它独立不改，独立于万物之上；它恒久不改，从来没有离开过万物。“周行而不殆”，道运行在宇宙之中，永远不停息。“可以为天下母”，道是天下万物共同的母亲。

道在天地还没有形成、一片混沌的时候，就已经存在了。天地形成，万物慢慢演化出来，道，附在万物的身上，可是它还是存在的，它还是道。“吾不知其名”，因为它本来就没有名，哪里有人知道这是什么，所以老子很诚实地说，自己只知道有这么一样东西，可是没有人给它名字。“字之曰道”，把它叫作道；“强为之名曰大”，这里的“名”是形容的意思，很勉强地用大来形容它——太大了，实在太大了。这是老子给我们的关于道的初步描述。

但是，我们还是搞不太清楚。所以老子前面那段话就让我们想到了他在《道德经》第二十一章中说的“道之为物，惟恍惟惚”。什么叫作“恍”，什么叫作“惚”呢？在《道德经》第十四章中，老子有这样一个说法：“视之不见名曰夷，听之不闻名曰希，搏之不得名曰微。此三者不可致诘，故混而为一。”老子认为道是混成的，它是由什么混成的呢？是由那种看不见、听不到、摸不得的东西混为一体的。所以很坦白地讲，你很难追究它到底是什么。而当你听得很清楚、看得很明白、拿在手上都可以把玩的时候，它就变成了道的作用，就叫作“器”，它是道的一部分，但不能代表道。所以我们现代人常常说“你给我说清楚一点”“我怎么看不明白”。这种观念其实不是很合适。“视之不见”就是你去看它，看来看去，看不出它的样子来，叫作“夷”；你用心去听，听了半天听不出声音来，叫作“希”。夷是无色，希是无声。然后再加上“搏之不得名曰微”，什么叫作“搏”？就是我用手去摸索，去触碰，碰不到东西，那叫微，微就是无形的意思。无色，无声，无形，代表道的虚无性。

道是虚无的。因为它虚无，所以可以变成所有看得见的东西、很具体的东西，这就是它特殊的地方。所以老子说：大，大，实在大。

| 用心感应 |

道既没有形状，也没有声音，看不见，摸不着，既无法用语言来形容，也不能用感官来了解。那么，我们该用什么样的方法来了解它？

我们就安静下来，求之以“神”。这个“神”不是靠外在的主宰来告诉你什么，而是要靠你自己用心感应，因为“神”就是用来感应的。我们今天仍然在讲的“神游某某地方”“跟某人神交已久”，靠的就是这种感应。

我们接着来看老子在《道德经》第十四章讲的内容，“其上不皦”，“皦”是光明的意思；“其下不昧”，“昧”是昏暗的意思。其上、其下怎么区分？其上是道本身，道本身没有光亮；其下是道的化身，它化成万物的时候，万物都很具体。这上、下就构成了道的全体。你说它光明吧，它没有光明，因为真的一片光明你就看得见了；你说它昏暗吧，它也不昏暗，因为它一现出来就很光明。这就是阴阳，有看得见的部分，就有看不见的部分；有能摸到的部分，就有摸不到的部分。视之不见，就是不光亮，但万物因它而可见。万物如果没有道，你就看不见，万物有道，你就能看清楚。由此可见，道既不光明，也不昏暗。《道德经》第十四章接下来说，“绳绳不可名”，“绳绳”就是无边无际，“不可名”就是不可名状；“复归于无物”，到最后通通又都回来，还原为不具任何形象的道。这就叫混沌。

混沌是什么？就是你说它没有，它又有；你说它有，它又没有。道就是这个样子，你说什么，它就是什么，你要什么，它就生成什么。没有道，就没有电灯；没有道，就没有高楼大厦；没有道，就没有桥梁……这个说都说不完。但是，道又是万物共同的归宿。高楼大厦最后都消失了，回到道那里去了。东西最后都烂掉了，人最后都死掉了，任何宝贵的东西最后都回归于无，这就是道。然后，道又生出万物，万物又回归于道。这种现象从一方面看，是生生不息，从另外一方面看，是慢慢又回归原来的地方。这样就叫循环往复。

老子借助这种方式告诉我们，世界原来是这个样子的。人类是自然的一部分，必须要接受这样的规约，按照这样的轨道，遵照这样的方式，然后就能平平安安过一生。该怎么样，就怎么样，因为你是离不开道的。

在《道德经》第四十二章中，老子说了一段我们非常熟悉的话："道生一，一生二，二生三，三生万物。"道，原本是混沌状态，无边无际，浑然一体。可是这种状态是可以打破的，在中国叫开天辟地，西方叫"the big bang"——大爆炸。爆炸以后，混沌的状态中显现出不同形体的万物，就叫作"创生"。万物都是道所生，但道依然存在，这一点比较特殊，是老子思想的关键。道不但生成万物，而且是万物须臾不可离的法则。所以，在《道德经》第三十四章中，老子特别强调说："大道泛兮，其可左右。"意思是说，大道泛滥流行，无所不在，哪里都去，什么都生得出来。这个"其"就是道的意思，"其可左右"是说道可以左，也可以右，无远弗届，无所不至。"万物恃之而生而不辞"，所有的东西都是秉持这个道产生的，道并没有因为是我把你生出来的，我就要控制你、干预你。道还是让你自自然然的，想怎么样就怎么样，因为一切都在道里面。"功成不名有"，道把所有的东西生出来，不居功，不控制。"衣养万物而不为主"，道不做主人，不做主宰。它让各人去循自己的道，有没有德也是自己的事。换句话说，道只提供本钱，提供机会，指明方向，个人是自由的，想怎么做就怎么做。这就告诉我们，老子没有主宰的观念，也不主张教条。你自自然然地去走自己的路就好。所以，我们每个人都应该努力在实践中去寻找属于自己的那一条路。

道可道，非常道

|破除二分法思维|

《道德经》第一章的开篇是："道可道，非常道。"在老子著书立说之时，是没有标点符号的。那么，我们现在有了标点符号，这到底是进步，还是退步呢？如果没有标点符号，每一个人都可以有自己的断句方式。一旦有了标点符号，就标准化了，反而使人的思维受到若干限制。所以我们常常讲，语言和文字对人们之间的交流有很大帮助，但是，在某种程度上，语言和文字也会对我们的思考方式产生限制。这就叫作"一阴一阳之谓道"。

"道可道非常道"，这句话至少有三种不同的标点方式。第一种标点方式：道，可道，非常道。这就告诉我们，道之可说的那一部分，不是所谓的恒常不变之道。这样我们就了解到，道由两部分组成：一部分叫常道，一部分不是常道，意即非常道。这就很清楚了，一部分是可道的非常道，一部分是不可道的常道。为什么常道不可道？因为常道是一个完整的系统。一个人只有一张嘴巴、一个脑袋，怎么可能讲得那么周到？所以，中国人就形成一种倾向：你已经说出来的那部分，我不谈；我专门在你还没有说到的那部分，跟你对抗。你说东的时候，我就说西；你说西的时候，我就说东。这就叫公说公有理，婆说婆有理。

第二种标点方式：道可，道非，常道。意即告诉我们，有人说你对，就会有人说你不对。只要有人说这样可以，就有人说这样不可以。这是常态，就叫作“常道”。常态，永远有正反两面。其实，用“正反”不如用现代词语，叫“正负”。数学里，有正数就有负数。以前，没有正负这个概念，所以叫正反。正反之“反”也不一定就是相反的意思。如果我们只把它看成相反，是很危险的。在这方面，我们要特别小心。

第三种标点方式，也是最常见的一种标点方式：道可道，非常道。

诸子百家都非常有学问，讲得都很有道理，否则怎么可能成为一家之言？的确，他们所说的都是道，但是，那只是道的一小部分，大家并没有办法把“道”完完整整地说清楚。这不是他们的错，而是因为语言文字的限制。我也不可能把真相都说清楚，只能是把自己所看到的、所体会到的说出来。所以，我所说的，也只是片面的道理。希望我们每个人，都不要太过张狂、自我膨胀。

读经典，我们如果还像以前那样只读皮毛，是徒劳无功的。所以，一定要正本清源。我们首先就要破除二分法的思维方式。《道德经》第四十二章里说："道生一，一生二，二生三，三生万物。"为什么"二生三"？外国人听到"二生三"的时候都会问我："你们的算术怎么那么差？"其实是他们不明白。我们是全世界唯一把两个东西看成三个的民族，西方人怎么看都是两个。

中国传统的思维方式是三分法，而现代人的思维方式大多是二分法，强调真假分明，凡事不是对的，就是错的。

但是，话说回来，我们把《道德经》叫作"真经"，难道其他的经都是假的吗？道家把得道之人叫作"真人"，那其他人都是假的吗？可见真跟假不是对立的。我们经常说"不是真的就是假的，不是假的就是真的"，这是不切实际的、非常可怕的想法。

西方有劳方、资方，所以经常有劳资对立、劳资对抗、劳资纠纷，而我们的劳方跟资方之间多了一个介方，就没有这么多问题了。为什么不用中介呢？把二变成三，整个路子就活起来了。

人们把这些观念都端正以后，就幸福轻松多了，不会出现那么多无谓的、浪费时间且徒劳无功的纷争。老子早就看出了这个问题，所以他说做人要“啬”。“啬”是什么意思？就是节省你的时间，节省你宝贵的精力用在明道、行道上。

| 人生三个字 |

老子真正的用意是要提醒我们：身为一个人，一个有道之士，首要的任务就是让自己与禽兽拉开距离。我们很尊重禽，我们也很尊重兽，但是“禽兽”两个字合在一起，就很难听。

西方有一门学问叫人类学。人类学家证明，人是动物的一种，提醒我们不要搞人类沙文主义，不要把人类打扮得太庄严、太神圣，因为人就是动物的一种而已。中华文化不是这样的，孟子当年的人禽之辨讲得何等清楚，人与禽兽的差异非常少，少到就三个字而已。整部《周易》就讲三个字，第一个字是“上”。中国人从小就求上进，全世界很难再找到像我们一样求上进的人。中国人为什么一定要求上进？今天你是总经理，有权有势，谁看见你都恭恭敬敬的。哪一天你离开了，没钱没势，那时大家只做一件事，就是看见你也装作没看见。这就叫作“总不理”，差一个字而已。所以说凡事有得必有失，有利必有弊。

道永远有两面性。当人家对你笑的时候，你不要太开心，说不定其中有什么问题；当人家不对你笑的时候，你更要提高警觉，因为其中一定有什么问题。有人说，这样做人不是很累吗？不累。因为脑筋越动越灵活，怎么会累呢？

其实，这里只是要提醒大家，凡事都有两面性，有一利必有一弊；同样，有一弊必有一利。所以，遇到“好事”别得意，遇到“坏事”别沮丧。如果真能做到全面地看待事物和问题，我们的人生，将会少一些苦恼，多一些快乐。

人生三个字，除了“上”字，还有哪两个字呢？

“上”，经常要加一个竖，叫作“止”，适可而止。任何事情在求上进的过程中，都要适可而止。这个止非常重要，如果止不住冲过头，那就糟糕了。止中有上，上中有止，然后终结在一个“正”字上。这个“正”就是“道”。我们说一个人很“上道”，就是从“上”到“道”。但是，这当中经常会出差错，会走上偏道，所以要及时调整，不断拉回来，这就叫人生。

上 → 止 → 正

每一个人，都要为自己的行为负全部的、百分之百的责任，推给别人没有用，也推不掉，谁也不会替你扛。没有人害得了你，也没有人救得了你，赏识你也没有用，打击你也无济于事，一切都是自作自受。这是我们需要了解的人生规律。

“名可名，非常名”，“名”是名称。伏羲氏所处的时代还没有文字，所以没有出现“道”这个名称。在老子所处的时代，文字已经比较成熟了，因而有很多名称。老子说“名可名，非常名”，告诉我们，名是不可名的，任何名称一旦说出来，就有很大的局限性。因此，老子在这里也提出“常”字，“名”再加上一个“常”，就是“常名”，“常名”就是不会有局限性的名号，这是万物的自性。

道就是你的灵魂

老子讲道，在当年看来，好像很玄妙。现在我们对于道是什么、它究竟存不存在之类的问题，应该比以前的人少了很多疑问。宇宙万物有一个共同的根源，那就是本体。本体也叫作“形而上”。

老子讲“自宾”，意思是说人要以宾客自居。人类来地球做客，只有短短几十年的生命，所以，要爱惜地球的资源，爱护地球的环境。

人是地球的过客，迟早有一天要回到道上面去，至于会不会再来，不知道。我有几个问题想问：大家下一辈子打算做人，还是不做人呢？做人辛苦，还是不做人辛苦？类似这样的问题，是每一个人迟早都要想的，这就叫人生论。人从哪里来？活着干什么？死后到哪里去？有没有来生……这些问题，每个人都要想，因为这是每个人的切身大事。

人有没有灵魂？我碰到过很多人，他们都不承认人有灵魂，我没有说他们对或错。作为老子的信徒，一定要心胸很宽广。前面我一再讲，你对，不代表别人错；别人对，不代表你错。先把这个是非撇开，你就有了宽广的心胸，然后要怎么讲都可以。

很多人跟我说不相信人有灵魂，我说："很好，我尊重你，但是请你把这句话换成另外一句话，就是：我是一个没有灵魂的人。"这样他就不说话了。物质，你打它，它不会痛，可是自己的手会痛。物质是不会痛的，而你的灵魂在痛。其实，关于人有没有灵魂的问题，老子当年不方便说，因为没有这个名词，但他却透露出这样的含义：人有灵魂。

道就是人的灵魂。灵魂来投胎的时候，父母是你自己选的，所以你一定要孝敬父母，道理就在这里。读了《道德经》之后，你要知道人为什么要讲伦理、讲道德，这是老子对人类最大的贡献之一。

我们来投胎的时候，是带着一生的计划来的，今天基因理论已经证实了这件事情。当你进入你自己选择的妈妈的子宫里的时候，要就地取材，根据自己的需求，以及先天的计划，然后采爸爸的精、妈妈的血，也就是我们常讲的父精母血，来安排自己。可是在性别的选择上，你发现了一个很大的问题，妈妈的两个染色体都是一样的，即 X 染色体。现代科学证明，生男还是生女跟妈妈没有关系，都是爸爸决定的，所以，以后不要再跟女人讲“你这个肚皮不争气，生不出男孩”之类的话，这跟她没有关系。爸爸的两个染色体一个是 X 染色体，一个是 Y 染色体，Y 代表男性，X 代表女性。你在妈妈那边抓哪个都一样，可是伸手要抓爸爸这边的时候，就要在 X 和 Y 中做选择。

一切都是自己在做决定，一切都要由自己负责任，这就是人生。佛教里讲“上天下地唯我最大”，这个“我”还是你自己。每个人都有自己的先天。先天的计划告诉我们，每个人来到这个世界上，需要做不同的事情，而不是做相同的事情。

如果每个人都做相同的事情，这个世界就乱了，因为它本来都是搭配好的。道是整全的，是世界性的，是有全盘计划的。既然一切都是有计划的，且由我们自己做主，那我们每一个人就要好好地扮演自己这一生要扮演的角色，这就叫守分。

人人各守其分，各尽其责，老子把这叫作“道法自然”。道法自然，是不是道去效法自然？绝对不是。如果这样解释的话，就是道之外还有一个自然，那道算什么呢？所以道法自然的意思是说“道就是自然”，“法”在这里解释为“就是”。没有一个人是无师自通的，我们都有一个共同的老师——自然。

我们讲《道德经》，并非为了标新立异，也不是要另外树立一派。我们只是希望大家能够知道，道是用来行的。所以，哪怕是老百姓日用而不知，都没有关系。你做出来，真正在用，就好了。我们要把《道德经》应用在自己的日常生活中，在生活中来印证、实践。我觉得，这应该才是老子当年讲道的真实用意。

上士闻道：勤行之

|不笑不足以为道|

《道德经》第四十一章中有这样三句话：“上士闻道，勤而行之；中士闻道，若存若亡；下士闻道，大笑之，不笑不足以为道。”意思是说，有上等智慧的人听到道以后，没有什么反应，因为他知道，道不是用来讲的，而是用来行的。如果道是用来讲的，那永远也讲不清楚，永远会有偏失。我们经常说“你行不行”，其实跟这个有密切的关系。所以说，有上等智慧的人很勤劳，一步一步从实践中去了解道。有中等智慧的人听到道以后，好像听得懂，又好像听不懂。道讲的究竟是什么？他不能说自己不懂，但是也不敢说自己听得懂。这已经很了不起，很不容易了。“下士闻道，大笑之”，有下等智慧的人听到道以后大笑，反而更显示出道的高深、可贵。现在也是如此，凡是那些听不懂的人，就会说你这是乱讲，不可能的，哪有这回事，好像他比你还懂。听完一脸不认同、一脸怀疑的人，还算好的，你还没有讲完，就攻击你、否定你的人，那更糟糕。还有另外一种情况，老子说你的智慧完全没有被开发出来，但是之后赶快打圆场，说没有什么，不笑不足以为道。因为听懂了，所以很轻松，这也是笑。

不同的人闻道以后，会有不同的表现，有的人明白了就付诸行动；有的人似懂非懂，只好继续琢磨；也有的人大笑之，有可能是因为不懂而不屑，也有可能是因为懂了而高兴。

一句“不笑不足以为道”再一次提醒我们，任何事物都有其两面性，正如《周易》中所说的“一阴一阳之谓道”。那么，上文提到的《老子传道》那幅画，又能给我们什么样的启示呢？这只老虎服服帖帖，但老子知道这只虎是会变的，它也很可能马上就把本性暴露出来。所以跟老虎讲道，一定要小心。我们可以从这幅画一步步深入，去明白老子的思想。老子弯下身来跟老虎讲话，就表示他是柔的，老虎是刚的，他不跟老虎硬碰硬。跟老虎讲什么它都听不懂，老子靠什么跟老虎沟通呢？就是靠《周易》里所讲的那个“应”字，这个“应”是“感应”的意思，我们人与人之间互动靠的是感应，不一定要靠嘴巴。说得再多，不如把你的信息透过无形的管道传达给他，这个叫作“心连心”。当两个人心连心的时候，你不说对方也知道。但是我们现在都太相信嘴巴，非讲不可，把感应的能量弄到最小，这也是看到《老子传道》这幅画以后我们应该注意的地方。老子在《道德经》第七十章里讲了一句话，值得我们用心体会。他说：“吾言甚易知，甚易行，天下莫能知，莫能行。”大意是，我的话很容易了解，我说的道理很容易做到，可是很多人都听不懂，更不能付诸行动。

老子讲的问题都是很简单的，因为他在解释《周易》，我们大家所听到的这些话，都是从《周易》中来的，非常容易了解，可是你自己非要自作主张，用主观的意见，把它弄得很复杂，很难懂。你去做就可以了，一做就做出来了，就明白了。现在有很多人整天在那里写文章、做研究，越弄越玄乎，越弄越迷糊，越弄大家越看不懂。“莫能行”这句话其实是达摩祖师到中国时警告我们的，可我们没有听懂。

达摩到中国时已经一百三四十岁了，他年纪这么大了还来中国做什么？他在传达一个很重要的信息：中国人太喜欢做学问了，所以把佛经当作学问来研究，研究到最后，很少有人能把它付诸实践。“知而不行”，他在告诉我们这个，可我们还是依然故我。

所以，这次我们讲《道德经》，不是标新立异，只希望大家能明白，《道德经》是用来行的，要做出来，要真正用起来。

| 要认清自己的毛病 |

《道德经》第七十一章有这样一句话："知不知，上；不知知，病。"就是说，虽然我已经知道大道了，但我还是要保留一些。为什么？因为我还没有把大道完全了解清楚，而且大道也是不能被完全了解清楚的。如果你知道自己永远有一些不知道的东西，你就是有上等智慧的人，就是高明的人。而"不知知，病"是说，我不知道大道，但是我偏偏认为我知道，然后还到处去炫耀，这就叫作"病"。"病"是缺失的意思。

老子接着说："夫唯病病，是以不病。圣人不病，以其病病，是以不病。"圣人为什么没有这种毛病？因为圣人把这种毛病当作一种毛病来看待，时刻提防它、戒备它。而一般人认为这种毛病不是毛病，所以常常犯错。问题就出在这里。圣人知道，就算大家都说自己很懂，但还是不太懂，这样自己就不会犯毛病了。可是，一般人会因为拥有一点儿知识就沾沾自喜，认为自己高人一等。所以，必然产生毛病。

老子的书不容易读，因为他的话总是有转折的。就像"知不知”“不知知”，你真的不知道他在讲什么。所以，我们一定要改正三个毛病：第一，不要再把经典读错了；第二，不要再骂经典；第三，不要望文生义。我们很少能够进行反复思考，很少能够把问题想得很深入。老子对我们最大的期望，不是“悟”，而是“明”。我们常常讲“我明白了”，这就是老子的主张。明白的人才是高明的人。你明白了，就不得了。如果你知道，这就是自己的毛病，那你就没有毛病了；如果你偏偏说这不是自己的毛病，那就完了，就是自以为是。自以为是的人最后都是害人害己。

人不可能远离道。当你经历了从儿童到青年，再从壮年到老年这样的人生阶段，你就会知道，人最后是要回归原点的。一朵鲜花，当它鲜艳无比的时候，你就知道它快要枯萎了；当股票疯涨，大家抢买的时候，你就要知道它快要跌了。

|如何接近道|

怎样才能看出道来？当我们面对任何事物的时候，第一步，一定要提醒自己：一切都是身外之物。我有什么？我生下来时光溜溜的，一件衣服也没有带出来，我的身体发肤，都是父母给的。体会到了这一点，你就不会对自己的身体特别执着，就可以进入第二步，客观地去了解这个事物的本性是什么。只有在这种心态的指引之下，你才有办法让自己冷静，不受外界的诱惑，也不会产生主观的执着。这个时候，事物的真相就比较容易如实地显现出来。我们一般人都很主观，都戴着有色眼镜，都以自己的想法来看待事物，这是不正确的。所以你必须告诉自己，这都不是我的东西。你保持冷静、客观、公正，这时候就有一个东西会出现，叫道心，那就是道的能量在指引我们去了解这个事物的本性，这样一来，你就会比较理性地去面对、处置它。第三步，享受过程。计较结果干什么？处置完以后，你要再退回来，再一次提醒自己，我生来原本无一物，得了就是得了，没有得就是没有得，给我的就是给我的，给别人的就是给别人的，没有必要去生气、去争执、去明争暗斗。因为什么结果你都是可以接受的。这就符合我们所讲的，过程比较重要，过程我已经享受了，那个结果就显得不那么重要了。

一件很好的珠宝，你欣赏过了，那个价值你已经有了，至于最后放在哪里，你计较它干什么？如果珠宝真的放在你家里，你晚上可能还睡不着呢。还不如放在别人家，你自己反而轻松。这样我们就知道了，为什么珍贵的东西最后不会放在任何人家里，而是要放到博物馆里去。

这就是老子所讲的一体两面：从道的立场看，它是在生养万物；从万物的角度看，我们都在依从道的规律。道，是一种法则，也是一个生源。我们要牢记这句话，因为如果你只看到一面就说道产生一切，生完以后就不管了，那万物就可以各自走各自的路，天下就大乱了。那还得了！道把所有的东西生出来，又在它们的身上始终没有离开。意思是说，我们经常都是不知不觉地在依道而行，这是很好的。如果你学了很多东西，反而会离经叛道，会破坏道的本质，违反道的规律。为什么老子主张“弃圣绝学”，原因即在于此。你可能会觉得很奇怪，这是个好东西，为什么要把它弃掉？因为如果你把学来的东西拿来离经叛道，那还不如不学。这里我要提醒大家，不要主观地、戴着有色眼镜来看老子的东西，那样就辜负了老子的本意。

有道必有德

| 什么是道德 |

老子的书，直截了当地叫《道德经》，就是要告诉我们，道德就是最好的信仰，道德就是人类最高的价值。很多宗教也在讲道，但都只讲了道的一部分。换句话说，所有的宗教都是指向“道德”的一只手。而老子的道无所不包，可以包容所有的道。

今天我们人类最苦恼的，就是宗教与宗教之间的相互排斥和敌视。一个人，你信了这个教就不能再信那个教，这很麻烦。《道德经》第十八章里面说：“大道废，有仁义；智慧出，有大伪；六亲不和，有孝慈；国家昏乱，有忠臣。”老子的意思表达得很清楚，大家不要再讲所谓的仁义了，因为一讲仁义，“大道”就消失不见了。如果“大道”可以畅行无阻，还需要仁义吗？根本不需要。如果大家都高高兴兴的，还有必要让大家都不要苦恼吗？

按照道行事，根本就没有必要谈仁义。无论做什么事，当大家都凭着良心去做的时候，也就没有防伪和打假的必要了。你有智慧，却不好好去走“道”的路，非要走那种跟“道”相反的路，那又怪谁呢？如果一个家庭很和乐，我们就没必要在那里鼓吹孝敬父母、慈爱子女之类的了，因为人家都已经做到了，再讲这些就是废话。所以，在和睦的一家人面前，我们千万不要讲所谓“孝悌”的道理，讲了就是丢脸。

全世界只有一个“道”，这个“道”，不只道家在讲，儒家在讲，诸子百家都在讲。这个道，就是《周易》的道，叫作“易道”。一般人都说《周易》由两大组成部分，一部分是义理，另一部分是术数。现在我们应该清楚了，其实除了义理、术数之外，还有第三部分，是道德。解释《周易》中的道德部分，老子是领军人物。《道德经》就是老子的专著，从头到尾都是他的口气，一气呵成，讲的就是两个字——道德。

什么叫作“道德”？“道”和“德”原本并不连用，各有不同的意义。“道”的本义，是指行走的道路；“德”的本义，是指行走道路所获得的良好效果。“道德”合在一起，告诉我们：行于正道而有所得，即为道德；行道才能有德，离开了道，便不可能有德。

其实，我们现在所认为的道德，跟老子当时所讲的道德是有一些差异的。可见，不管什么话，传来传去，传到最后都会失真。

老子所讲的道德是什么呢？就是老子假设宇宙有一个本体叫作“道”，这个本体是永恒存在的，在地球没有形成以前，这个本体就已经存在了。这是老子给我们的最大启发。

道在宇宙当中，永恒存在。植物会死掉，动物会死掉，矿物被开采以后被制作成各种东西，但是宇宙的这个道，始终是不变的。《周易》告诉我们，宇宙中有不变的部分，就是道。可是，道既看不见、摸不着，也听不到、闻不着，那怎么办？很简单，就通过人的行为来看。所以老子说，道之在天地，叫作“道”，在人身上，就叫作“德”。每一个人身上都有道，没有道，人就活不成。既然有道，就要看能不能把它发扬出来。因为前面已经讲得很清楚了，道生万物。道把人生出来，就一辈子陪着人，不会离开。但是，道有一个很可贵，甚至可以说很可爱的性质，就是它不主宰人。这就叫作“长而不宰”。它让人成长，它养活人，却不主宰人。

| 道是本体，德是发扬 |

每一个人都是父母生的，刚出生的时候都差不多，后来的行为表现却差异很大。有人这样，有人那样，有人那么说，有人这样唱，这说明道很宽广，它给我们自由。可是，这个自由跟我们现在所讲的自由还不太一样。自由不等于放纵。

老子在《道德经》第三十二章中说："万物将自宾。""自宾"的意思是说，人要有觉悟。我们不是地球的主人，只是地球的客人而已，要把自己当作宇宙的过客。老子这是在告诫人们，做人要有自知之明。我们要知道，客人应该尊重主人的环境，不能去搞破坏。这样一来，我们对自己就会有一个约束。因此，人必须有德。既然生活在地球上，是地球的客人，我们自己就要守本分、要守规矩。用老子的话来讲，就是要按照道的要求去行事。

几千年来，凝聚中国社会力量的，不是宗教，而是道德，中国人所信仰的，就是道德。老子在《道德经》第二十一章中说："孔德之容，惟道是从。""孔"，就是大的意思。其实，我们读《道德经》应该记住，老子时时刻刻都在提醒我们，他在讲道。我们把道弄明白，并把它表现出来，就是有德。所以，道跟德是不可分的。大德的表现，完全随着道而转移。道是德的本体，德是道的发扬，二者密不可分。

所以，在《道德经》第二十二章老子就讲：“圣人抱一，为天下式。”为什么用“一”？“一”就是小，小就是道，道是最简的。少，就有德。为什么？因为少，才可以慢慢增加。所以，“抱一”可以为天下的模范。我们做给别人看，而不要去教别人，更不要硬性规定别人非如此不可，这样一来，别人就会自然而然地跟着我们走，而且不会有勉为其难的感觉，这才是最了不起的。

怎样才能做到这一点呢？老子在《道德经》第二十二章接着说：“不自见故明，不自是故彰，不自伐故有功，不自矜故长。”“不自见故明”，意思是不自我表现，你反而高明。因为你若总是吹嘘自己怎样怎样，别人一听就会生厌。“不自是故彰”，意即不自以为是，人家反而更尊重你，认为你最懂，就让你来做。“不自伐故有功”，即不夸耀自己的功劳，大家反而说这功劳是你的。“不自矜故长”，就是说一个总是自负的人，是成长不起来的。不自负，也不认为自己有能力，反而成长得很快。老子的这几句话，就是在讲三个字，即“曲则全”。“委曲”才能“求全”，不能屈身折节，最终肯定会遭受摧折。

大家都喜欢长长久久，唯一的办法，就是多增加道德修养。所以，老子在《道德经》第二十三章中说："故从事于道者，道者同于道，德者同于德，失者同于失。同于道者，道亦乐得之；同于德者，德亦乐得之；同于失者，失亦乐得之。"

"故从事于道者，道者同于道"，是说道本来在你身上，可它不会自己发扬出去，而是要你随时把它表现出来。孔子也讲过同样意思的话："人能弘道，非道弘人。""同于道"就是说，你得到道了，并与道同行，不做违反自然规律的事情。"德者同于德，失者同于失"，即你表现得有德性，就得到德；你表现得失道、失德，你就失去了道，失去了德。这个得失，跟道有着千丝万缕的关系。"同于道者，道亦乐得之"，讲的是你跟道一同，道就跟你一同。"同于德者，德亦乐得之"，意即你表现得有德性，德性就会在你身上，别人抢也抢不走。如果总是搞那些歪门邪道、旁门左道，那么失道、失德就永远跟着你了。

| 依道而行 |

我们每一个人，都是从道中来，最后也会回到道中去。虽然道是看不见、摸不着的，但一个人是否循道而行，可以从他的所作所为中看出来。所以，德就是道在一个人身上的表现。如何判断一个人的“德”是好还是坏呢？

如果我们的表现合乎道的要求，那就叫上德；如果我们的表现不合乎道的要求，那就叫失德。所以，德要求我们按照自己身上原有的道去发挥。佛家一再讲，要明心见性。性就是人性，人性是道赋予我们的。道赋予狗的，是狗性；赋予猫的，是猫性；赋予猪的，是猪性；赋予植物的，是植物性；赋予人的，就是人性。我们的表现合乎人性，合乎自然规律，就有德。有德之人就是我们常常讲的得道高人。为什么叫得道高人呢？就是因为他把道发扬出来了。如果他没有这样做，很显然就是失德。

人要为自己的言行负起百分之百的责任。人生的结果，就是我们一再讲的自作自受。可是我们偏偏要把责任推给别人，把好处留给自己，这是不对的。老子不否认我们有是非，也不否认我们要讲仁义，他只是提出了一个跟一般人非常不同的看法：是非的判断标准，要看合不合乎道，因为现在有很多人假借仁义之名行不仁不义之事。历史上这样的例子有很多。

老子认为，人要依道而行，才是上德；如果背道而驰，就是失德。在当今社会中，价值观的混乱导致道德的缺失，一些恶性事件时有发生。

老子在《道德经》第二十章中说："众人熙熙，如享太牢，如春登台。""众人熙熙"，即是说大家都很和乐。"如享太牢"，就好像享受祭祀用的肥牛、猪、羊一样。"如春登台"，好像春天登台远望，欣赏美丽的景色。

老子说他自己不是这样："我独泊兮其未兆，如婴儿之未孩。儽儽兮若无所归。众人皆有余，而我独若遗。我愚人之心也哉！沌沌兮！俗人昭昭，我独昏昏；俗人察察，我独闷闷。淡兮其若海，飂兮若无止。众人皆有以，而我独顽似鄙。我独异于人，而贵食母。"

"我独泊兮其未兆，如婴儿之未孩"，老子说自己很淡泊，很恬静，在没有任何征兆、没有情欲波动的时候，完全像一个刚出生的婴儿，无知无欲。可是，婴儿一旦成长为孩子，就开始有知识、有自我、有主张，开始会利用哭和笑来表达意愿，表达对外界的喜好和欲望，就像一个小大人了，而且越来越"可怕"。所以，婴儿跟孩子所代表的境界是不一样的。

“儽儽兮若无所归”，老子说自己很懒散，好像无家可归一样，因为不着急，再说那么急着回家干什么？我们现在应该了解，回家其实是一条非常艰难的道路。人生而为人，要回老家谈何容易。死，并非像一般人想象的那么简单。生死是大关卡，要有一点儿智慧才行。

“众人皆有余，而我独若遗”，每一个人都很自满，都很自得，而我好像永远不够，永远有欠缺。这是老子拿自己和一般人做的对比，我们都可以拿来做参考。

“我愚人之心也哉！沌沌兮！”我好像很淳朴，很混沌，很无知。一个人能够淳朴，能够混沌，能够无知，这是最高明的境界。我们经常讲一句话，叫作“难得糊涂”。一个人如果太精明的话，比较难和别人处好关系，因为别人一看见他就害怕。所以，人有时候装点儿糊涂是很好的。可是不能真糊涂，这其中需要真功夫、高修养，不是平常人能做到的。

“俗人昭昭，我独昏昏”，一般人看起来都很亮丽、很光明、很精彩。我们现在都说，人要活得精彩，其实应该多学学老子，他说“我独昏昏”，自己好像在昏暗里一样。别人在透明处，我在昏暗里，我才看得清楚。一个人在灯光下，就看不到别人。但是现在有几人能体会到老子的这种智慧呢？

“俗人察察，我独闷闷”，众人很精明，好像什么都清楚，而我好像无知无欲，好像不开通，不文明，也不先进，更加不时尚。

“淡兮其若海”，我跟海洋一样恬静、辽阔。风来，我就起波浪；风去，我就浪静。浪高与低，与风有关，与我无涉。“飂兮若无止”，像风一样，形迹飘逸。急什么呢？该走的迟早要走，何必自寻烦恼。顺其自然，该走就走好了。这样不是很愉快吗？

“众人皆有以，而我独顽似鄙”，每个人都很有能力，而我很愚钝，很僻陋，不长进。

“我独异于人，而贵食母”，我就是跟别人不一样，因为别人都很时尚，而我偏偏不是这样子的。为什么？因为“贵食母”。我最重视的是见素抱朴，我守住做人的基本道理，把道的根源牢牢地抱住，我就是上德之人。

既然是上德之人，老天自然就会照顾他。通常老天是不照顾任何人的，怎么会单单照顾上德之人呢？没错，老子也讲：“天道无亲，常与善人。”道没有亲戚朋友，但是它常常跟善人在一起。善人就是有德之人，一个人有道德，老天就跟他在一起。跟他在一起，他的道就得到发扬，这就等于照顾他。道不伤害任何人，只是照顾该照顾的人。

我们常常能听到别人说："老天爷，你怎么能这样对我？"这不过是他自己在发牢骚而已，因为老天本来就没有要同情谁。它只是照顾该照顾的人，也就是照顾有德之人、得道之人。所以，道德是人的最高信仰，是我们每一个人都应该去追求的。

现在大家都不相信道德，因为我们已经被灌输了一种很奇怪的想法，即道德不但无用，而且还害人不浅。古代的圣贤从大自然里明白了一个道理，这里我们用"明白"，而不用"觉悟"，因为老子最高明、最伟大的地方，就在一个"明"字。大自然中的一切，都是在讲一个道理：吃亏就是占便宜，占便宜就是吃亏。一棵小草，如果牛羊都不去吃，它最终会干枯的。如果不是被牛羊践踏，小草的生命力可能也不会那么顽强。这就像人一样，有时遭受的打击越多，生存能力反而越强。

现在有一些人，一听到吃亏就是占便宜，就非常火大，很不以为然。他们认为吃亏就是吃亏，怎么是占便宜呢？说吃亏就是占便宜不过是自我安慰！这种人就是"下士闻道"。我们经常说，聪明反被聪明误。其实，一个聪明人经常是很郁闷的，因为他未必能搞清楚自己的聪明到底要放在哪里。老子在《道德经》第五十一章中说：“万物莫不尊道而贵德。”放眼望去，宇宙万物没有不遵从道的，只是现在有些人不这样想而已。现在有些人只讲利害，其实讲利害也没有错，只是我们要能认清利害的真面目，而不为那种假的利害所蒙蔽。

贰

道法自然，道是基本规律

见微知著，因势随行

|错解经典的害处|

现在，人们把以老子为代表的道家学说和以孔子为代表的儒家学说进行了严格的区分。其实，老子和孔子讲的话含义是相通的，只不过老子是从反面说，孔子是从正面说。如：老子说你不要做坏人，孔子从正面说你要做好人，没有什么不同。

可为什么一般人会觉得老子是阴谋家呢？主要是因为老子在《道德经》第三十六章里说了这样几句话："将欲歙之，必固张之；将欲弱之，必固强之；将欲废之，必固兴之；将欲夺之，必固与之，是谓微明。"

"将欲歙之，必固张之"，就像一个人，张着嘴巴，过不了多久，他的嘴就会闭起来，因为他会酸、累。所以，想让一个东西收缩，就得先将它张大。“将欲弱之，必固强之”，如果要使它变弱，那么一定要先使它增强。就像一个人如果想要把自己的身体搞垮，那就先拼命吃，吃到最后，体重增加了，看起来身体很魁梧，其实身体内部已经慢慢地变坏了。“将欲废之，必固兴之”，你要把一个东西废弃掉，就先把它举得高高的，让所有人都看得到。大家一看，心想：这么糟糕的东西怎么能放在这里呢？把它丢掉！这样就达到目的了。“将欲夺之，必固与之”，你要夺取一个人的东西时，就先给他一些东西。等到他贪得无厌，到处要东要西，搞得人神共愤的时候，你再去抢夺他，别人自然无话可说，而且还要表彰你的这种行为，认为你是在为民除害。如果我们这样解释老子的话，很多人都会认为这是阴谋诡计。可是，老子真的是这个意思吗？

《道德经》的书名已经很清楚地告诉我们，老子真正的意思并不是这样的。道德，是老子永远不变的主张。一个主张道德的人，怎么会要阴谋呢？可大家觉得，如铁一般的证据明明摆在这里，话是他说的，还能有假吗？是的，话本身没有假！问题是我们把它的含义解释错了。

由于人们的望文生义，不求甚解，经常会在有意或无意间错误地解读经典，导致了现代人不仅对老子，甚至对中国道家文化产生了误解。

老子只是在讲道理

其实，老子在《道德经》第三十六章里说的上述几句话，是在表述一种自然现象。凡是弱的，会变强；凡是强的，会变弱。宇宙是运动的，不是静止的，一切都是在变动的。你现在看他是小孩子，不久之后，他长大了。你现在看到他很有权势，可能很快他的权势就被剥夺了。这个就叫风水轮流转。天底下没有不变的东西。就像一个家庭，一代人、两代人富裕，这简单；三代人、五代人富裕，大概很难。所以，为什么说富不过三代？为什么说英雄不怕出身低？为什么说好汉不提当年勇？就是因为时过境迁，提它也没用了。环境一改变，整个形势就完全不一样了。

老子只是在讲这个道理。他认为这只是自然的一种很普遍的变化规律而已。有人把它用作阴谋诡计，那是他自己的事情。问题在于以什么样的心态来看待。所以，我们还是要重复地讲一句话，那就是要观察行为背后的动机，要把动机和行为对等起来看待。同样一种行为，动机不纯，就是耍阴谋；如果只是自然的变化过程，那就是一种自然现象。这是人的问题，并不代表老子的话是阴谋论。

我们经常说一句话：三十年河东，三十年河西。这是人故意在恶作剧吗？并没有。人哪有那么大的力量，那么多的精力，轻易地就使一条河改道呢？但是，黄河九十九道弯，历史上黄河改道的记载不胜枚举。为什么会这样？因为这是大势所趋，所以莫之能挡。

所以，老子用歙张、弱强、废兴、夺与等对立概念的相互转化，来提醒大家要见微知著。看到很微细的征兆，马上就能知道它的必然结果是什么，然后能够顺势而为，这就叫自然。

这门学问现在被人们发展起来了，叫未来学、趋势学，或者预测学。其实，整个学说的基础，就是老子的这几句话而已。可是就连这几句话，也有可能被很多人拿去耍阴谋、搞奸诈，对此我们没有办法。因为道是自然存在的，它不干涉任何人的行为。人的种种行为，到头来都是自作自受。你可以拿它去搞阴谋，但最后的结果由你自己来承受；你把它当作一种自然的趋势，顺势而为，就能得到预期的效果。这些跟“道”并没有关系。

我们不要因为有人把这几句话拿去搞阴谋，就把账算在老子的头上，这对老子是不公平的。为了引诱敌人进攻，把自己的强大隐藏起来，故意显示柔弱的一面，这是在战争过程中常用的一种战术方法。声东击西，明修栈道，暗度陈仓，这些计谋我们也耳熟能详。道之规律原本如此，至于人们怎么使用，道并不多加制约，完全是人自己的事情，有相当的自由。合乎道，多半是行得通的；违背道，最后的结果都是很糟糕的。

反：道的运动方式

反有三个意义

小孩子为什么敢去荡秋千？因为他心里明白，荡上去之后，肯定会荡下来。如果一荡上去，就再也下不来了，直接被甩到天上去了，你就是给他吃再多的糖，再哄他，他也不会去荡的。

《周易》告诉我们，物极必反。很多人听到“物极必反”这四个字，都不是很明白。所以，老子在《道德经》第四十章中直截了当地说“反者道之动”。道是要动的。如果道不动，它就没有作用。道怎么动呢？用“反”的方式来动。

一切都在朝坏的方向运动。比如，人越活越老。我们倒是希望能越活越年轻，但这是做不到的。制度刚开始时非常有效，过一段时间效果可能就大打折扣了。所有的东西都是越来越陈旧的，这就是“反者道之动”。这个“反”字一共有三个意义，我们一定要搞清楚。

“反”的第一个意义是返，即返回原点，回到起点。我们为什么很少讲“始终”，多半讲“终始”，因为我们有一种期待：结束就意味着开始，这样的结束才有意义。返是道动的根本原因，是老子非常重视的一个字。

“反”的另外两个意义，是解释“反”的现象。第一种现象是说，发展是从正面发展到反面。如果你不爱一个人，你会恨他吗？你没有理由恨他。就是因为你爱他，所以你才会恨他。这种现象就是由正面发展到反面，叫物极必反。第二种现象是相反相成。对此，一般人不太了解。大家都认为相反就是相反，怎么会相成呢？相反就会相成，这是因为阴阳互补。只有阳，就太高亢了；只有阴，就太阴柔、没有活力了。所以说，阴阳是相反的，但它们彼此可以互补，使得彼此产生更好的作用。我们常常讲，一件事情是一体两面的，应该两面都照顾到，而不要只看到一面。

“反”字有三个意义，但无论是返回原点、物极必反，还是相反相成，其实都是自然发展的基本规律。这些规律表明，宇宙中万事万物的变化，都是无尽地循环往复。那么，“反”和“道”之间又是什么样的关系呢？

很多人听到老子说“反者道之动”，更加糊涂了。所以我们有必要再解释一下。

第一，动与静相对。动是绝对的，就像人不能不动，如果你躺在床上，时间长了，就会浑身酸痛，就想爬起来走动一下，这是大家非常熟悉的经验。道是要行的，我们是来行道的。如果不行的话，就没有变化。一旦没有变化，万物就不能生长。这个道理非常简单。动，是万物生生不息的源泉。

第二，道以动为主，动是道的主体。凡是主体，就不能变。天底下没有一件事情不在变化，但是“动”永远不会变，没有一件事情不在动。虽然它会越走越远，但到了极点的时候，一定会返回来，变回原来的样子。

第三，变化是自然的。生活虽然需要有规律，但可以有一点儿变化。变化不是完全规律化的，不是完全不能变的，它是周而复始的。但这个周而复始，并没有固定的轨道。就好像春夏秋冬，有时候春天比较长，有时候夏天比较长，有时候又好像秋天比较长，虽然次序不变，但时间的长短会有些许差别。

老子在《道德经》第二十五章中说了这样一句话：“吾不知其名，字之曰道，强为之名曰大。大曰逝，逝曰远，远曰反。”大，就是逝。逝，就是行动。用逝来说明大，意即大到没有边际。道在运动，运动的边界在什么地方，谁也不知道。“逝曰远”，这个“远”就是我们现在所讲的“极”的意思。到了极点之后，“道”会慢慢地由极点反复，这就叫作“远曰反”，就是开始走回头路了。大家都很清楚一个事实，如果从地球上的某一个点，一直往同一个方向走，一定会走向原点的，因为地球是圆的。

人类社会的“反”

“反者道之动”告诉我们，无论什么事物，当它发展到极点时，一定会向相反的方向发展，这就是自然发展的基本规律之一。老子认为，人类也是自然的一部分，所以人类社会的发展规律，与自然的发展规律是相通的。

比如，不同时期流行不同款式的皮鞋就是一个很好的例子。以前流行圆头皮鞋，但是大家觉得，人人都穿圆头皮鞋，显示不出自己的个性，于是渐渐地开始流行尖头皮鞋。尖头皮鞋流行了一段时间，又变成了平头皮鞋，再过一段时间又慢慢地变回圆头皮鞋了，这就是一个反复的变化过程。世界上的所有事情，其本身有一定的共性，这种共性也就是“本体”；更有一定的差异性，这种差异性表现为现象。所以，本体是不变的，现象会不断地变化。

比如历史上的科举制，其最初的设计意愿很好，在当时也发挥了巨大的效用。可是经过长时间的变迁，尤其到了明清时期，科举已经失去了其本来的作用，变成了禁锢人们思想的工具。很多人为了通过科举功成名就，就只读考试规定的那几本书，其他的书都不读了。最后，那些金榜题名的所谓学人，很多都成了百无一用的书生。

一项制度，必然有其漏洞，这些漏洞一旦被大家抓住并加以利用，就算再好的制度也都没有用了。至于说哪一种制度比较好，答案是“不一定”。因为很多制度，往往都是刚开始推行的时候很有效果，越往后越不管用，越不灵光。就像科举制，最后被大家抓住的漏洞越来越多，逐渐地失去了其效果，这就叫作“反者道之动”。

在现实社会中，我们也经常可以看到，一项新推出的政策或措施，刚开始实行时，往往效果显著。但是，无论多么好的政策或措施，都不会永远行之有效。既然如此，我们该怎么办呢？

如果我是孩子的舅舅，我写信给他，一定称呼自己为“愚舅”，意即我这个舅舅很笨。为什么要这样做呢？就是因为“反者道之动”。老子在《道德经》第四十二章中写了这样一句话：“人之所恶，唯孤寡不榖，而王公以为称。”平常我们一听到孤、寡，就觉得很凄惨。你说自己是孤，你就可以不孤；你说自己是寡人，你就可以不寡；你说自己不穀，就可以变得穀；你说自己愚笨，就意味着你很聪明。这种事例到处都有，到处可见。所以，一个人为什么要谦虚，为什么不能自大，就是这个道理。

我们再举一个例子。每个帝王都被臣民喊“万岁”，其实这也是假的。当大家喊“万岁”的时候，人人都知道，皇帝肯定是不可能活到“万岁”的。当皇帝被喊“万岁”的时候，就是说他已经走到极点了，最终会极而复返，乐极生悲。物极必反，这个道理在每一个地方都可以得到印证。

《道德经》第二十三章有一句话：“飘风不终朝，骤雨不终日。”“朝”，就是一朝一夕的意思。“骤雨不终日”，就是说暴雨不可能整天整夜地下。疾风暴雨，一般都是很短暂的。可是大家说，你看现在的暴雨一下就是一整天，高速路瞬间就变成河流，不是吗？是。可那是非常态，不是常态。如果是常态，人就不用活了。所以，“道可道，非常道”告诉我们，“道”，有常道，就有非常道。飘风终朝，骤雨终日，这是气候异常，我们把它叫作“反常”。这不是常态。“道”是千变万化的，但它始终不失其为“道”。否则，一味求变，变到最后，连“道”都不见了，那还叫什么“道”？

|万物各复归其根|

很多人觉得，求新求变代表着社会的进步。无论是生活方式，还是服饰装扮，越是怪异就越是新潮。实际上，一味地求新求变是一种非常可怕的观念。

所以，老子在《道德经》第十六章中才会讲这样一句话：“万物并作，吾以观复。”万物是变化多端的，很繁复，会让你眼花缭乱，会让你感叹，世界上怎么会有那么多变化，怎么会那么错综复杂？但是，老子说“吾以观复”，意思是说不要急，你仔细看就会发现，所有的东西最后都会回归原点。高楼大厦，最后都被夷为平地；精致名贵的表，最后都被甩掉。“吾以观复”的“复”，就是回到原来的根源。

老子接着又说：“夫物芸芸，各复归其根。”“芸芸”就是繁多，是说宇宙万物最后都是“复归其根”，统统回归到它原来的起点，那就是根本，所以叫作“根源”，叫作“复回原点”。宇宙万物，不停地运动。可是它们是怎样运动的呢？老子说，是从一种叫作“恍惚”的状态，经过一系列漫长的变化，最后又复归到原先“恍惚”的状态。这就是出自混沌，复归混沌。

所以，老子在《道德经》第二十八章中讲了四个字，叫作

“复归于朴”。我们今天常常讲返璞归真，就是说万物刚开始都是从“朴”的状态发散出去，从混沌中发散开来，但不管如何产生变化，最后又回到原始的状态，即混沌的状态。人之将生，是慢慢从混沌中逐渐开启秉性和智慧的。人之将死，又开始慢慢迷糊了，最后昏昏沉沉，反反复复，就表示要回去了。

我们也常常讲，人从泥土中来，又回到泥土中去。所以，人根本不用怕死，本来就是回到自己的老家去，还怕什么呢？万物都没有选择的意愿，它是不得不如此的。因为万物根本就是道所生，道所赋。所以，道始终不会离开你，你也终生离不开它。即使临终，你也没有办法死而离道。

我们读经典，不是站在反对的立场来批评它，而是以“反者道之动”的观点来调整自己。古圣先贤离我们很久远了，在历史发展中，我们又越走越急，越走越“反”，不晓得“反”到哪里去了。所以，我们这一次“反”就是正本清源，就是回归老子原来的道路，这样读《道德经》才有用，才可以通过阅读调整自己的身心。

弱：道的运用方式

道不弱就不能反

《道德经》第四十章说“反者道之动，弱者道之用”，它们是一体一用、体用结合的。“道”若不弱，就不能反。“道”要反，就非弱不可。大家可以看看历史，一个朝代为什么会灭亡？就是因为它慢慢地变弱了。如果一个朝代始终很繁盛强大，会被推翻吗？会改朝换代吗？大明王朝就是自己先弱了，骨子里先烂了，才给了山海关外的大清以可乘之机。大清刚开始也很强大，可是到了末期，变得软弱无比，使国家遭受了英法联军火烧圆明园、八国联军进北京的奇耻大辱。凡事正因为会变弱，所以才会消失；凡事逐渐变得不合理，才会有被废弃的理由。这就是“弱者道之用”。

道，本来是混沌的，它没有强弱之分，没有好坏之分，没有美丑之分，没有善恶之分。为什么呢？老子在《道德经》第十四章讲得非常清楚，道是“无状之状，无物之象”。你说它没有形状，它还有形状；你说它有形状，还看不见其形状。你说它里面没有物，它还有象；你说它有象，它根本没有物。为什么？因为它是混沌，是阴阳不分的，是混二为一的。但是，道如果永远是混沌的，就产生不了万物。如果这样，整个宇宙就不存在了。

所以，道必须动，只有动，才能打破这种混沌状态，才能从混沌状态，从混二为一全无分别的状态下解放出来，产生五彩缤纷的差异性世界。这就是老子所讲，道就是这样产生万事万物的。

道是任自然

老子在《道德经》第二章中说道：“天下皆知美之为美，斯恶已；皆知善之为善，斯不善已。”意思是说，人们之所以有美的概念，是因为头脑里先有了丑的观念。为什么说美和丑是相对的？因为如此一来，大家都爱美嫌丑，结果天下大乱，纷争不止。人为了争美争宠而不择手段，怎么会和谐呢？最终整个社会都乱了，人心也变了，整个世界变得不和谐。

俗话说，爱美之心人皆有之。在日常生活中，我们常常凭借感官去区分哪些是真善美，哪些是假恶丑。而几乎每一个人都喜欢真善美，厌弃假恶丑。但是老子为什么说人有了善恶、美丑之分反而不好呢？

现在很多人的内心很矛盾。去帮助了一个乞丐，给了他一点儿钱，可自己心里就开始后悔。如果是心甘情愿地给，那是做善事；如果给得心不甘情不愿，那不是很愚蠢吗？为了一点点钱，搞得自己忐忑不安，见人就唠叨，那人生还有什么价值呢？所以，虽然我们有了善恶之分，而且大家也都愿意朝善的方向去走，尽量避开恶的地方，但还是保不准会造成很多的伪善。一个邪恶的人，为了某种不可告人的目的，把自己伪装成善良的人，就是伪君子，就是欺世盗名。这种善就是伪善。

我们刚开始也许是出于好意，认为真假要分清楚。但是，第一，我们没有能力去分辨。第二，我们不可以用统一的标准来区分。为什么《道德经》在第一章开篇先讲“道可道，非常道”？因为道是玄妙的，是看不清楚、说不明白的。如果你要明白，那要怎么办？不是靠读书、背书就可以的，而是要静下心来感悟，要从实践当中去了解。这样你才知道，我们只有通过实践，体会到原本认为很美的东西最后都是不美的，就不会再执着地去追求美了。

你要美的东西干什么？年轻人选对象，要求对方既美貌又年轻，可是几年之后，再美的人也不美了。这就是“弱者道之用”。一个人体格很强壮，婚前检查都没有问题，但是一弱，什么病都出来了。道就是这个样子，这才是自然的规律。现在我们彻底把道撇开，这就糟糕了。道不是权谋，也不是邪恶、不良的企图，或者专门和万事万物过不去。它让一切都顺其自然，使一切都顺从其本性来发展。这就是任自然。

天之道，损有余补不足

大自然中的万事万物都在不断地发展变化之中，强可变弱，穷可变富，所以，我们所追求的和我们所得到的，也许正是相反的。那么我们该如何判断现实生活中的强弱、好坏、美丑、善恶呢？有真正的衡量标准吗？

一定要记住，强弱、好坏、美丑、善恶，我们不能以一己之私来评判。因为，第一，它们的标准并不一致；第二，如果一致，那就更糟糕了。一个漂亮的女孩，所有的男孩都来追求她，更有甚者，当众发誓此生非她不娶，追不到她就不结婚。你看，即使这个女孩将来拥有幸福美满的生活，可也害苦了一大堆男人。所以，情人眼里出西施。别人看着不漂亮，偏偏情人看着漂亮、看着顺眼，这才合道，这才是自然。

更重要的是，“反者道之动”，这些区别，这些差异，迟早会在道的运动中消解。一个强大的国家，不可能总是强大，因为“弱者道之用”。一个靠出口矿产发达起来的国家，只要资源一被采光，它就变弱了。由此可见，道的反向运动是必然的，同时也是很自然的。即便有人想去阻挡，也阻挡不了。因此，我们没必要太过执着于美丑、善恶之分。

所以，老子在《道德经》第七十七章中说：“天之道，其犹张弓与？高者抑之，下者举之；有余者损之，不足者补之。”天的道理，是什么样的？很难讲，所以姑且用张弓这个动作来做个比喻吧。当你拉弓的时候，如果举得太高，就把它压下来一点儿；如果举得太低，就把它抬高一些。上下左右，都要针对目标做一个适当的调整。因此，天道就是损有余以补不足。水流满地，亏者则归，溢者则流，一定要达到一个均衡的状态为止。一场洪水，总是倾泻而下，因为下方是亏缺不足的。洪水并没有伤害人的恶意，只不过人正处在它的必经之地，这才会比较糟糕。

柔弱胜刚强

老子在《道德经》第四十二章中说："强梁者不得其死。"很刚暴的人，最后是不得善终的。为什么？因为一定有人比你更刚暴。我们总说"天外有天，人外有人"，就是这个道理。你说你最强，那是因为你不知道还有比你更强的人。你武功天下第一，那些不服气的人肯定会纷纷来找你过招，迟早会有人把你打趴下。

老子在《道德经》第五十章中讲得非常清楚："兕无所投其角，虎无所措其爪，兵无所容其刃。"兕就是犀牛，犀牛很凶，它凭什么凶？凭借头上的角。如果它的角连着力的地方都没有，那它就无法施展本事了。老虎的爪很厉害，但如果没有东西可抓，那也就无用武之地了。兵，就是很锋利的兵器，如果根本就找不着可以下手的地方，再锋利的兵器又有什么用呢？这句话到底要告诉我们什么？说的是正面交锋，很可能过刚易折。如果你能够以柔克刚，很可能会化险为夷。自然界的万事万物都可以印证这个观点。竹子随风摇摆，不会折断；大树很强硬，可大风一吹，就被连根拔起。这就是老子在《道德经》第七十六章中所说的"坚强者死之徒，柔弱者生之徒"。

大自然通过种种现象提醒我们：柔弱可以胜刚强。而《道德经》正是从大自然的规律中发现了人类社会的规律。在现实生活中，这个柔弱胜刚强的道理，能带给我们怎样的启示呢？

有些刚踏入社会的年轻人，喜欢锋芒毕露，这可能是要吃大亏的。凡是认为无论什么事情，自己都比别人高一筹的年轻人，最后都可能出洋相，都可能吃亏。但是，现在有些年轻人耐不住寂寞：本来就弱，偏要表现得很刚强；本来很嫩，偏要表现得很老到；本来资历很浅，没有经验，偏要不服输。这就完全违反了老子所讲的道。

老子在《道德经》第二十二章中说："曲则全，枉则直，洼则盈，敝则新，少则得，多则惑。""曲"就是委曲，委曲反而容易保全。所以，我们常常讲一句话：委曲求全。"枉"就是弯曲，"直"就是伸直。会弯曲的人，才会伸直。大丈夫能屈能伸，就是这个道理。如果一个人总是站得笔直，最后肯定会受打压。一个人，身段要软，这样才有弹性，才能够做一个正直的人。洼是低矮的地方。"洼则盈"，只要你放低身段，就可以得到很多好处。你看一个虚怀若谷的人总是说自己不懂、请多多指教，这样才能学到更多的东西。江海不择细流，故能成其大，就是因为它能够屈身处下，所以才能够成就自己的伟大。

“敝则新”，破旧以后，它就变成新的。就像衣服，破得实在不能再穿了，那就得再买一件新的，这样没人说你浪费，你自己也会觉得心安理得。“少则得”，就是说既然少、乏，人家自然会补给你。“多则惑”，东西一旦多了，就开始迷惑了。为什么呢？假设你有一百套西装，出门的时候很可能不知道要穿哪一套。为什么学校要求学生穿校服？就是希望学生把更多的精力用在学习上。曲、枉、洼、敝都是弱的一面，而全、直、盈、新都是强的一面。所以，老子说柔弱胜刚强。

|家庭中的弱|

《道德经》中所讲的“道”，处处体现出柔弱胜刚强的基本规律，我们在现实社会中，也经常可以看到柔弱胜刚强的现象。柔弱胜刚强是人生中的一种大智慧，这种大智慧完全可以运用到家庭生活中。

有的女人，如果丈夫很晚才回家，她赶紧递热毛巾过去，说辛苦辛苦。而有的妻子，丈夫一进门就给脸色看，并大声质问，为什么这么晚才回来？于是两个人就开始吵架，大吵特吵，最后吵得过不下去了。这就是不懂弱的应用，不懂弱的好处。有的妻子，丈夫晚回家，她只用一招，就是把晚饭摆在那里，等丈夫回来一起吃。丈夫回家看到后就说："不对呀，我出门时叫你先吃，你怎么不先吃呢？"她不会说"你不回来人家不好意思吃"这种讨人情的话，她只说"我不饿"。那丈夫就很不好意思了，肯定会说"赶快吃，赶快吃"。然后下次他就尽量早一点回来。如果妻子硬碰硬，那就两个人都倒霉了。弱，才是道之用。

又比如说，女儿出去玩，说好晚上八九点钟回来，可是十一二点钟了，还没有到家。做父母的应该怎么办呢？如果父母一点儿都不关心，照样睡觉，这还算哪门子父母？所以，父母就坐在沙发上等女儿。如果女儿一进门，父母就质问她，到哪儿去了，怎么这么晚才回来？这会有用吗？现在很多父母都认为，我责备子女，是因为我爱他，这是我作为父母的责任。其实没这回事。父母应该用老子的办法。父母两个人，坐在那儿等，听到女儿按门铃了，就赶快到房间里面去，假装睡觉，让她等一会儿。然后再开门，也不用说话，只要看看墙上的钟，然后再返回屋里睡觉。女儿会不反省吗？第二天早晨，女儿就跟爸妈说，我昨晚那么晚回来，不好意思。此时爸爸说："我倒没有怎么样，但你妈妈担心得睡不着觉，你跟妈妈道歉就好了。”女儿去跟妈妈讲，妈妈说：“我睡得很好，就是你爸爸操心得要命。”父母两个都示弱，就是赢者。如果父母使硬，就不会有好的效果。

道常无为而无不为

道不主宰万物

中国人最推崇的境界，就是无为而治。而且一讲到无为，就推崇老子。但是老子所讲的无为究竟是什么意思，相信很多人都不明白。因此，我们对无为，真的要下一番功夫，把它弄明白。无为并不是什么都不做，为什么呢？因为老子在《道德经》第三十七章中讲得很明白："道常无为而无不为。"道的作用，就是无为，但是它的效果，是无不为，这样解释才是对的。道，是很自然的，它并不是要针对某人、某事、某物而有所作为。可是，这种无为所产生的效果，是无不为，这才妙。有史以来，我们所看到的一切，都是这个样子。

比如太阳从东方升起，从西方落下，这是我们司空见惯的，从来没有改变过。而且，我们还知道，太阳光非常强烈的时候，中午就到了；太阳快要落下去时，夜晚就要来临了。这都是道通过事物的各种现象表现出自然的规律。所以，无为的“为”，跟违背的“违”是相通的。无为，真正的意思就是不违反自然。

道，顺应自然，好像无所作为，但是万物都因为这个无所作为的道而生生不息、千变万化，这不正是无所不为吗？就是因为道不主宰，万物才能有变化。如果道尚主宰，每个人都没有自主的创造和花样，岂不单调？人生还有什么乐趣可言？因此，我们必须再说清楚一点，宇宙万物都是由道所生，但是道没有主宰万物的意思。关于这一点，我们跟西方人有很大的不同。伏羲氏告诉我们，宇宙是没有主宰的，一切一切都是自然孕育而成的。老子也说，道把你生出来，让你长大，让你有变化。但是，至于你要怎么走，它尊重你，任由你选择，并没有要主宰你的意思。

老子所说的无为，就是不违反自然；而无不为，就是不主宰自然。“无为而无不为”，就是告诉我们：道，是顺从自然，任由自然万物自己生长变化的。人是自然之子，作为一个人，我们该怎样做，才能达到“无为而无不为”的境界呢？

|人应该过自主的生活|

中国人所讲的老天，就是自然。自然，提供给人类自主性。所以，人应该过自主的生活。他主，就是找别人来替自己做主。一定要找一个主宰，才心安，这样的人很多。当然，我们也不能怪他们。因为道始终跟着每一个人，而且道是很宽广的，它里面有很大的弹性，很多的选择。道给你自主，让你自己去选择，至于你要不要自主，它没有意见。

很多人不相信那种看不见、摸不着的东西，认为一定要看得见才可靠。所以人们就弄出很多“偶像”，就是我把自己交给你，你来主宰我，我天天向你祈祷，就心安了。而道是不接受任何人的委托的，你去求道，其实是没有用的。因为道就在你身上，你反求诸己就是了，只去求道有什么用呢？

我们一定要清楚，道没有任何主宰万物的用意。如果把这个理解错了，就会依赖道，认为道可以帮助你，于是就会去求道。但是到头来道不照顾你，你怎么办？所以，人要自己做自己的主人。你要自主，要靠自己，而不要老想着依靠外物。因此，我们对于道，要有更深入的了解。道，是顺应自然的，所以人也应该顺应自然。

中国人的责任

很多人总是野心勃勃地想成为大自然的主宰，驾驭自然，改造自然，征服自然，甚至认为人定胜天。可是结果如何呢？我们也都看到了。

现在地球上气候异常，连联合国都警告我们，要做好过异常气候的日子的心理准备。这就是说，现在人类想办法恢复正常，都是很难的。因为只有天地，才有办法把它调整过来。现在天地是在调整，可是有人说，这样调整有什么用呢，只会越调整越乱而已。这就是人自己的问题了。天地是有规律的，是会动的，可是人类把它破坏了，它很为难，已经没有办法正常地运动。所以，现在天地非常挣扎，才会有各种乱象出现。这都是人类自己胡作非为的结果。

现在的人，对于这个无为，真的要深入地了解才好。否则的话，后果将会更惨。老子在《道德经》第二十五章中说了这样一句话："道大，天大，地大，人亦大。"人之所以异于禽兽，就在于人是万物之灵，有跟动物不同的神圣责任。这种责任为什么不给全人类，而是单独赋予中国人？就是因为中国人具有这种传统和智慧。能者多劳，这也是道的一种做法。此时，你必须勇敢地站出来，在这一方面多负一点儿责任。特别是把近四百年来被我们肆意破坏的自然，通过“反者道之动”，恢复过来。这就是我们当代中国人的重大责任。我们要顺其自然，为所当为。

作为人，如果凡事只听其自然，任其自然，就和动物没有什么两样。因为听其自然，就是顺应本能了。人和动物不一样，人有性的冲动和意识，更有被爱和爱人的渴望与自主。动物的交配时间都是自然定的，一年当中有固定的发情期，过了就没有了。为什么老天对人有这种异于动物的安排呢？就是因为它给了我们不同的任务。这一点我们一定要充分认识到。我们不是顺着本能，我们还有意志力，也叫创造性。作为有创造性的人，就要记住，天大，地大，人亦大。我们的责任就是《中庸》中所讲的“赞天地之化育”，所以人应该帮助天地来调整，而不是天天骂大自然反扑。要知道大自然从来不会反扑人类，它只是在挣扎，是人类自己太无知，太没有良心，才说大自然在反扑。

人生的规律只有一个，就是自作自受。我们必须好好地去选择，好好地去走自己的路。因为没有人能够帮得上你的忙，也没有人能够害得了你。我们平时常常把责任推给别人，常常怨天尤人，觉得这个不对那个不对，其实这些都是不负责任的表现。你的所作所为，都要由你自己来承担后果。所以，一定要很谨慎地选择自己要走的路。

贰

道法自然，道是基本规律

人类唯有顺应自然，大自然才可以恢复正常的循环往复，才能真正做到人与自然的和谐共存。既然“无为”就是顺从自然，那是不是意味着我们就什么都不要做了呢？当然不是。

道的运动是必然的，也不会停止。人必须时时刻刻顺应自然，做出合理的调整。老子告诉我们，既然人是动物的一种，就必须动。更何况人是道的一部分，是道所产生的，而道本身又是变动的，所以人就要随时顺着它调整。道有规律，但是这规律不是死的。所以，我们不能说我的原则就是这样，永远不会改变，那就糟糕了。我们是有原则，但是我们也很有弹性，而且时刻在调整。这就是老子希望我们做到的。

道是人的本源，我们终生都离不开道。可是，道没有控制我们的意志。它无所作为，对我们展现的也只是什么都没有做而已，所有的东西都是自然存在着的。所以，我们应该去体会它、帮助它、顺着它，我们所做的也不应该有刻意而为的痕迹。

可是现在没有，我们要扭曲，要错乱，要搞怪。更加不幸的是，人有了认知的能力以后，就任意对万事万物做出很多不恰当、不准确的逆抗。本来人的很多动作、行为，是表达我们对天垂象的认识，但是有了名号以后，我们就把天垂象撇在一边了。你看现在很少有人去看天垂象，很少有人会像以前那样反问自己老天在告诉我们什么。而且只要你说老天在告诉我们什么，人家就说你是迷信，是无知。

|我们的麻烦|

随着时代的变迁，语言也在发生着变化，如果我们不求甚解，就会错误地理解古圣先贤的思想。

人类现在最麻烦的，就是二分法的思维，认为一切都是非此即彼，非对即错。把名号看成是确定的，把定义讲得很精确。老子告诉我们，道是什么，没有人讲得清楚。至于它到底是什么，需要我们慢慢去体会，老子不可能下定义，因为道太大了。就算老子本人，也只能很勉强地把它叫作“道”。这一点，我们一定要去深入了解。现在，就是因为人们把东西讲得太精确，才造成了严重的分歧。宇宙本来是整体的，现在很多人告诉你它是分割的，这是很严重的矛盾。

我们现在动不动就讲穴位，穴位在哪里，每个人都不一样。所以，我们只能说某个穴位在哪一片地方，而不能说就是在具体的哪一个位置。道是变动的，我们必须承认这个事实。既然一切都在变动中，怎么可以用名号来把它固定下来呢？某一件事情到底对不对，通常也会有人争论。因为每个人的角度不一样，所得结果也会不同。

现代人常常用二分法的思维方式看待事物，认为是和非、正确和错误，就像白和黑一样，一定要非常分明。但是大自然的规律告诉我们，白天和黑夜是在逐渐转变的，并没有一个明确界定的时间点。

我们拿一件事情来说明就可以了。如果你家里有老人休克，送到医院去，医生说，老人现在情况很危急，要不要电击？你不知道怎么办好。你说“不”，好像很不人性，你可以救他，为什么不救呢？就算再小的机会，你都要把握住。可你说“要”，又好像太残忍了，因为你也知道可能没有效。那怎么办？办法有很多种，听起来都很有道理，但是做起来完全不是那么回事。这就是名号，它本身就是不明确的，如果你认为它是确定的，那就糟糕了。

人类的苦恼，就是因为我们把一个完整的宇宙撕裂了，用很多名号来制造矛盾。再加上我们很不幸地认为，凡是矛盾都是对立的，这更是不幸中的大不幸。为什么矛盾就一定是对立的呢？矛盾是可以化解的，可以协调的。因此，我们一方面要了解，无为就是不违反自然；另一方面也要知道，怎么样才能不违反自然。这是很重要的。

叁

上善若水，行道是价值的体现

水有七善

|行道是人生最高价值|

人天生是有责任的，这个观念是从《周易》来的。是谁把它开发出来的呢？是孟子。孟子告诉我们，全天下只有中国人是有责任的，其他人都是讲权利义务的。我们不是那样的。你升官的时候人家恭喜你，“恭喜呀，升官了”，你都会说“这没什么”。从来没有人会说，从此我可以享受什么权利。更妙的就会说，“我真的不想当”。既然不想当为什么又当？没有办法，责任问题。可见，责任在我们的血液里面，是牢不可破的东西。

既然要做人，就要做一个有价值的人，这是大家都能够认同并接受的观点。世界上几乎所有的人都有这样的疑问：人生最高的价值是什么？对此，一千个人有一千个答案。

对于这个问题，老子的回答非常高明。他告诉我们，人生的最高价值就是道，我们生活的方方面面都离不开道。可见，道的范围非常之广，可以包罗万象，把所有我们能说出来的最高价值都包含在里面。

人生一世，价值几何，这是每一个人都想知道的。但各人有各人的说法，每种说法都有其道理。而老子只用两个字来概括，叫作“行道”。“道”是用来行的，不是用来讲的。你说了半天，不如身体力行来得实际。行的是什么“道”？老子告诉我们，“道法自然”。此处的这个“法”不是仿效的意思，如果说道还要仿效自然，就表示道跟自然还有一段距离，那“道”和“自然”孰高孰低，就难以判断了。“道法自然”，这句话是说，道纯任自然。道就是自然，自然就是道。这两个是合在一起的。

老子的道，讲的就是自然。可是自然中万物俱存，天上的行云，地上的流水，都是自然，很难找到一个统摄万物的焦点。因此，老子用“道”来代表所有的自然物。自然里面给我们印象最深刻的是什么？大家一想就能知道，是无私奉献。小草到了春天就开始萌芽，开始生长，但生长以后并没有只为自己，就算牛羊过来吃它，它也不跑，再说它也跑不了。问题的关键不在于此，它不是不愿意跑，也不是不敢跑，而是根本就没有跑的观念。“你要吃我，那就请吃吧”，它没有抱怨，什么都没有做，这就叫自然。

丨水之七善丨

习近平总书记多次引用《道德经》第八章中的一句话，引起了很大的反响。这句话就是：“上善若水，水善利万物而不争。”老子很明确地指出，水有七善：“居善地，心善渊，与善仁，言善信，正善治，事善能，动善时。”

“居善地”，水最善于选择自己的位置。“心善渊”，水的心很沉静，像深渊一样。“与善仁”，与别人相处之时，完全是基于一种仁爱、仁慈之心。现在有些人不是这样，都很计较。如果我们有仁，也不过是为了做给别人看，这实际上就已经不仁了。“言善信”，就是要遵守信用。“正善治”，“正”通“政”，在处理政事、为人民服务时，采取的方式都很精简、不烦琐。“事善能”，做任何事情，如果能够充分发挥自己的长处，这样人就会很轻松，大家也不会感觉你好像很辛苦，然后开始怀疑你。“动善时”，任何行动都善于掌握时机。

这七个善合在一起，就是两个字：不争。我不跟你争地皮，不跟你争速度，不跟你争能否得到大家的好感，不跟你争谁比较有信用，也不跟你争谁做的事情比较多、谁的贡献比较大、谁比较有才能。一切事情，我掌握时机，顺应形势，做到大家都没有感觉到我在做一样，这就叫不争。不争不是说不要跟谁争，而是什么都不争，连不争的观念都没有。所以老子才说："夫唯不争，故无尤。"不跟万物争，万物就没有怨尤。

"水善利万物而不争。"水不跟万物相争，这是它最高的美德，值得我们学习。大家可能会觉得，开始不要争，因为不争才能争到更多的东西。其实只要有这种念头，就是错的。很多人误解老子，认为他是阴谋家，用不说来说，用不教来教，用不要来要，用不争来争。老子当然不是这样的。水的不争是无心的，不是做给别人看的，也没有要求我们向它学习。水只要有相争的心思，就不足以被称为上善。水是淳朴的、自然的。老子很喜欢用"朴"，就是告诉我们，一个人靠后天的修养达到与人无争的境界，那只是修养好而已。但是老子根本就没有争的观念，你们要争是你们的事，他不嫉妒，也不说大家不要争。其实很多人没有读通老子的著作，就是因为没有理解这个观念。

人如果不争，就不会引起别人的反感。人家端一盘苹果进来，有的人就会看哪个大，想着要不要先下手为强，哪些人必须防备，怎么样一下子把最大的那个拿到手……这样费尽心机，弄得自己精疲力竭，说不定最后还是一场空。还有的人认为自己很聪明，虽然很有野心，却处处掩饰，不想让别人看穿自己的企图，然后还说是老子教的。你说老子冤不冤呢？

大多数中国人误会了老子，认为不争是修养，不争是秩序，大家都不争，我才不争。这个很糟糕。我排不排队，跟别人没有关系，别人排不排队，跟我也没有关系，我连吃亏的观念都没有，这才符合老子讲的道理。其实，一个人吃得起亏，就表示他很富有。

那么，人类的价值何在？人类的最高价值如水一样，善利万物，而不求一己之恩泽。每一个人都是社会的一分子，如果每一个人都敬奉着天地，来为整个人类做出奉献，那这就是无比崇高的生命价值。

可是很多人对此很不以为然，他们信奉的是“人不为己，天诛地灭”的人生哲学，觉得人本来就自私，如果人不自私，要被天诛地灭。其实，“人不为己，天诛地灭”这句话长久以来都被解释错了，上述解释不符合自然，不是道。道告诉我们，万事万物，都是尽其本性而已。树叶遮挡阳光，它自然遮荫。人躲在树荫之下，树叶不会鸣不平，不会干预你，更不会收你的钱，也不会认为自己为人遮荫就很有功劳。那么为什么人一定要自私呢？既然万物都不自私，作为万物之灵的人，却自私自利，这说不过去。其实，“人不为己”这四个字要从“名可名，非常名”的角度来看。这里的“人”，并非指哪一个具体的人，而是指所有的人。这里的“己”，不是自己，而是人之所以为人的本性，也叫作“自性”。

“人不为己，天诛地灭”的意思是说，如果人类不能够坚守老天也就是自然赋予我们的人之所以为人的本性，那人就不存在了。那人不就是纯粹的动物了吗？不就是天诛地灭吗？所以，人的存在，是因为有人性；狗的存在，是因为有狗性；猪的存在，是因为有猪性。这才叫自然。因此，这句话跟自私自利一点儿关系都没有。长久以来我们却一直误解它，这是我们自己的问题，跟这句话本身没有关系。我们犯的错不能推到这句话上面。

外身与后身

|吃亏是福|

《道德经》第七章里有一句话："圣人后其身而身先，外其身而身存。"这是什么意思？"后其身而身先"，就是说圣人懂得甘居人后。既然是甘居人后，怎么又会"身先"呢？就是说你退到众人的后面，众人反而更加敬仰你，认为你了不起。你有功劳，但是从来不居功，虽然你是领导，但是你很谦虚，如此必能获得大家的爱戴。所以，你要懂得往后退，你一退，大家就跑到前面去了。虽然你位居其后，虽然你功成不居，但是大家更敬仰你的大度。你越是让他们放手去做，他们越是能做得超乎你的想象。

圣人是真心的，因为他根本不需要计较先后。现在很多人开车出车祸，就是因为抢那几分钟造成的。其实，从甲地到乙地，快慢不过相差三分钟而已，就为了那三分钟，你耗尽了心力，甚至搭上了自己的性命，划得来吗？

“外其身而身存”，是说不把自己当一回事，将自己的生命置之度外。就是说我的生命无所谓，你们的比较宝贵，这样反而能够跟万物一起长存。越不把自己当一回事，存得越久；越想把自己当一回事，就越快被大家遗忘了。这是事实。

比如老子，他完全没把自己当一回事，无论我们叫他什么名字，他都不在乎，他就是个老先生而已。他要出函谷关了，本来是不想干什么的，可是官吏诚心要他写些什么，他就写了，写了之后就走了，去了哪里也不告诉别人。可是直到今天，不但老子的《道德经》会流传下去，连老子这个人，他的玄妙，他的神奇，也会流传下去。

俗话说：吃亏是福。有的人很精明，处处为自己打算，一点儿亏都不能吃，这种人很难有大成就。而那些一心为公、无私奉献的人，则会有一个充实的人生。

《道德经》第七章的最后一句是：“非以其无私邪？故能成其私。”这句话被严重误解了，说老子是因为没有私心，最后完成了他的自私。其实，大家被这个字面上的意思迷惑了，以为老子都是假的，假装自己无私，最后达成自私的目的。

“成其私”的这个“私”，是指一个人的理想、抱负和愿望。所谓的理想、抱负和愿望，其实也是一种“私”。可见，老子意在告诉我们，不要总是停留在物质层面，在那些看得见的东西上斤斤计较，这样一来反而忽略了那部分看不见的、更加重要的精神层面的东西。一个人的最高价值，就是能够把自己要对人类社会做贡献的美好愿望一步一步地实现。这并不是件容易的事，因为一不小心就会走错方向，最后成了私意。很多时候，就是这一点点的差异，会造成不堪设想的后果。

不知道好，才是真的好

老子在《道德经》第三十八章中写了这样几句话：“上德不德，是以有德；下德不失德，是以无德。”这里的“德”就是得到的得。你有得还是无得，就看你有没有按照道走。如果一个人按照道走，就会有所得，就叫作“行道有所得”。上德之人之所以不德，就是因为他心中没有利害得失之心，凡事皆能秉持自然，顺性而为。如果过多地考虑利害，就已经失道了。

“下德不失德”，是说那些下德之人，心里老想要得到些什么，不能放弃得失之心，所以也就忘记了道。他自己乱出花样，最终也就无所得了。其实，这样的道理，很多人都能隐隐约约地感觉到。可是，他们就是不相信有这种事。尤其是现在有些人，动不动就是结果第一，过程第二；或者只关心绩效如何，效益怎样；或者过分关心别人对自己的看法，自己能从这种荣誉中获得多少好处，等等。

因此，我们读老子的书，一定要在自己的日常生活当中实践，逐渐改变自己的思维习惯，这样才能慢慢上道。中国人讲，这个人很上道，就是这个意思。

“人在衙门好修行”，很多人看到这句话以后都觉得奇怪，如果要修行，那也是到寺庙里去，到山里头去，衙门是官府，跟个人的修行有什么关系呢？

其实，人要为社会服务，最好的方式是做官。我们所怕的，是当官的人没有良心。如果你有权力，有资源，然后一切依道而行，按照自然的规律一步一步去享受那个过程，在过程当中，让所有人享受愉快、幸福的生活，这就叫修行。

修行就是自己好，别人好，大家都好。其实这样说，还是有些偏离老子的思想。老子说，只有在连什么是好都不知道的时候，才是真的好。也就是说，根本没有好与不好的概念，所有人都觉得这样过日子很正常，不存在合适不合适的分别。那些所谓的报酬、奖惩、绩效，都不是目的，只是手段而已。如果你把它看成目的，那就会天天苦恼。每天清晨，一睁开眼睛就是柴米油盐一大堆事情，这不是失道吗？如果你能想到，既然是人，就要按照人性去做，这才对。而人性是什么？人性就是道德，就是无私地奉献，结果如何不必刻意去判断。只要大家都没有“结果”不同的感觉，那就是最好的“结果”。一个人，心中本来没有不平的观念，可你偏偏要传达给他，这就是自找麻烦。当我们把手段和目的混淆以后，就会制造出很多摆脱不了的苦恼。

不争之德

只求不败

《道德经》第六十八章里有这样一句话：“善为士者，不武；善战者，不怒；善胜敌者，不与。”“士”就是将帅。一个真正的将帅，爱好道德，不崇尚武力。现在很多国家，担任国防部长一职的，通常都不是军人。军人的职责是以武力保卫国家，如果国防部长是一名军人，很多人都会感到害怕，甚至会感觉受到了威胁，这个国家也会常常受到来自其他国家所施加的压力。因此，国防部长由文官担任比较安全。这也是《道德经》的理念在全世界通用的一个明证。一个真正的将帅，崇尚道德，遇到冲突会尽可能用和平的方法来解决，而不会动不动就威胁动武，这才是人类的福星。

“善战者，不怒”，凡是很会打仗的人，不会轻易被敌人激怒。

因为敌人往往会想办法激怒你，搞得你失去理智，手忙脚乱，这样一旦开打，你就输定了。不怒不是不发怒，是不轻易发怒。“善胜敌者，不与”，这句话是说比较有把握打胜仗的人，不会跟敌人面对面地交锋。

三国时代的司马懿就是一个很好的例子。只要诸葛亮出兵，他就坚守不出。因为他知道，自己不是诸葛亮的对手，何必去送死。如果他不出战，就算赢不了，也不会输。所以，就算诸葛亮想尽办法来激怒他，他也不会发怒，这样一来，诸葛亮也不能把他怎么样。

日本有一个华侨叫吴清源，是有名的围棋大家，被誉为“昭和棋圣”。有一次，一位教授和他一起吃饭，就问他：“你这么会下围棋，有没有一套办法可以永远不败的？”吴清源也是懂得《道德经》的。他说：“没有这种事情，因为每盘棋的局势都是变来变去的，怎么有把握一定会赢呢？”教授却说：“我有一套本事能保证永远不会输。”吴清源很好奇，就问：“你有什么办法？”

这位教授只讲了两个字：“不下。”我不跟你下，怎么会输呢？所以，你总想跟人家打，难道每次都有必胜的把握吗？没有。因为太多因素都不是自己所能控制的。我现在不争，不争就是不跟对手争锋。著名的“曹刿论战”就是一个“不争”的案例。即使他有必胜的把握，即使他有充足的准备，也要等到对手“一鼓作气，再而衰，三而竭”的有利时机再出战。

中国历史源远流长，在光辉灿烂的文化宝库中，谈兵论战的兵书占有十分重要的地位。其中，又以《孙子兵法》一书尤为突出。为什么《孙子兵法》如此了不起，甚至被誉为“兵学圣典”？因为它的很多主张都和老子的理论不谋而合。孙子是不求胜的，他只求不败。中华民族爱好和平，从《孙子兵法》中就可以看得出来。

老子在《道德经》第六十九章中写得很清楚：“用兵有言，吾不敢为主而为客。”用兵打仗的人，不愿为主，宁愿为客。意即人不犯我，我不犯人。但是，如果人犯我，我是不是一定要犯人？也不一定。因为下面接着有一句话：“不敢进寸而退尺。”我不因为有寸进，就扩大战祸，我宁愿稍微退一点儿以求消弭战争。可见，打仗并不一定要逼得敌人无路可走，那样可能会使对方狗急跳墙，背水一战，说不定最后双方会玉石俱焚，同归于尽。这种案例历史上也有很多。如果退步避让能够消弭战争，那我宁愿退让。当然，这不是说领土可以被任意践踏。国家的领土主权一定要维护，但不一定只有诉诸战争这一种方法。

《道德经》第三十一章讲得更清楚：“夫佳兵者，不祥之器。

物或恶之，故有道者不处。”锐利的兵器是不祥之物，人人都厌恶，在不得已的情况下才可以动用它。动不动就打仗，这不可以。老子认为战争是凶事，而且强调，就算打胜仗了，也要当作丧礼来处置，不可以耀武扬威，否则就是为日后种下恶果。第一次世界大战结束后的巴黎和会，因对战败国处置不当，致使世界再遭二战的蹂躏，这无疑是最明显的一个例子。

中国人习惯称自己是“东方不败”，在战争中所使用的各种方法，只是求不败而已。可见，中华民族是一个爱好和平的民族。

|道理只有一个，用起来千变万化|

中国有句俗话：命中有时终须有，命中无时莫强求。其实，不争是一种顺从自然的人生态度。老子之所以被称为是自然哲学家，就是因为他能够通过自然中的现象，来解析人类的思想行为。

物极必反，以退为进，用不争来争到底好不好呢？答案已经很清楚了，就是看你的动机是什么。如果退让是为了引诱对方进攻，然后把其整个消灭掉，这是不对的。如果你是想退一步海阔天空，用和平的方式解决争端，这是好事情。如果你是不争而争，那就是搞阴谋。如果大家都不争，而是让，最后让出一个合理的解决办法，这就叫自然，那当然就是好事情。道理只有一个，用起来却千变万化。所以，怎样把老子的学说用得顺乎自然，才是真正值得考虑的事情，能达到这种水平的人，才真正具有上等智慧。

实际上，同样一句话，不同的人来解读，会有不同的感觉。一部《周易》，读出很多君子，也读出很多小人。《道德经》也是一样。每个人的心思不同，观点就不一样。所以，不同的人应用《道德经》，就会有很大的差异。

功成不居：不占有

老子在《道德经》第二章中讲："生而不有，为而不恃，功成而弗居。"在《道德经》里，老子翻来覆去讲这几句话，不是他记忆力不好，而是因为这是其思想的一个重点。什么叫作"生"？什么叫作"为"？什么叫作"功"？就是指人应该有贡献。人要"生"，要"为"，要"功"，可是一定要顺着自然，而且"不有""不恃""弗居"，也就是说要自自然然的，不做作。我们自然地做，大家自然地感受。我们是自然的一分子，没有什么功劳，也不想控制自然、把持自然，不想从自然中得到什么东西。当然，我们不可能要求每一个人都做到，但是如果大多数人都这样的话，人类社会就已经很美好了。

老子的话讲了几十年，到今天我们都还没有做到。所以他才感慨：我讲得这么简单，怎么大家都听不懂呢？我的方法这么容易，为什么大家都做不到呢？感慨了这么久，人类依然故我，这是我们应该反省的地方。道生养万物，但不据为己有。同理，父母对自己的孩子有生育权，没有所有权。儿女虽然是父母所生，但是父母不能主宰儿女，因为道都不主宰人，父母还主宰儿女干什么？儿女有儿女的想法，父母要懂得尊重。父母可以指导儿女，但在最后还是要让儿女自己做决定。

我们应该进一步了解水在老子心目当中的分量。水帮助所有的东西顺利成长，但是它不计酬、不居功、不排斥，这才是真正的上善。万物都比水刚强，可是如果没有水的滋润，恐怕都会干枯而死。我们人类号称头脑发达、双手万能，可以做很多事情，可是说到底，人生只不过是一个失水的过程。小孩子刚出生时，都是水灵灵的，随着年龄的增长，身体里的水分慢慢减少，等老了，水分严重缺乏，直至干枯。

老子赞美水说："上善若水，水善利万物而不争。"这是站在人的立场来讲的。因为人有了语言、有了文字之后，就开始自编一些名词，比如善、不善，争、不争，利、不利。当然，这些并非完全不好，可是如果你很执着，把那些当作是人生价值、人生目标的话，就不对了。水无所谓什么仁义道德，但它做得比谁都好。水流动的时候，就把所有的脏东西都带走了，而且也没有向我们索要报酬。

老子赞美水，还有一句话："处众人之所恶，故几于道。"水把脏东西都冲在了一起。我们现在到河流旁边，可以看到各种脏东西。有的人到了这种地方就开始嗅，说真脏真臭，但水完全没有这种感觉。众人最讨厌这种脏的地方，水依然故我，没有一点儿委屈的感觉，也没有卑下的感觉。就算我们说它"下流"，它也不觉得自己下流。这是我们读老子的书，应该去反省的地方。水没有委屈，因为它没有什么感觉，它觉得自自然然就是这样的，所以水"几于道"，水几乎接近了道。

现在我们就很清楚了，上善若水是在讲道，而不是在讲好坏。它告诉我们，要从水上面去体会道，要慢慢向它学习，这样自己就能越来越明白道。道没有自己与他人的分别，它给万物以方便，没有说你对我有利益，我才特别照顾你，你跟我交情不够好，我就冷淡你。这是我们人类应该学习的地方。

道德经的人生智慧

肆

见素抱朴，
朴素人生的实现

适度把握“知”和“欲”

|不禁也不纵|

《道德经》第三章有这样一句话：“常使民无知无欲。”老子真的是要我们无知无欲吗？无知无欲是要让我们变成木头人吗？当然不是。人活在世界上，是有责任的。第一，要让自己生活下去。自己都活不了，其他的都免谈。第二，人要生存，要生活，就必须有知识，有智慧，有一些欲望。什么都不要的人，是不懂得生活的人。但是如果一个人活着，只为了自己的生存，只为了自己的生活，那这个人也没有什么存在的价值。

作为现代人，我们应该更进一步、更深一层地去了解人类的责任。因为近几百年来，人类已经离道越来越远了。

说起来很搞笑，我们现代人最大的责任就是自己活着的时候，不要让人类毁灭。这话听起来很难解释，一个人生或死，跟人类毁灭与否有什么关系呢？再说，如果人已经死了，跟人类毁灭就更加没有关系了。其实不是这样的。如果读老子的书读到现在，你还这样解释，就表示你没有读通。“只要我活着就不让人类毁灭”，这句话的意思是说，人的生命是有限的，死去之后，虽然无能为力，但是要交给后代的人继续去完成。只要每个人能够尽量想办法，在自己的有生之年，不让地球破坏到使人类毁灭的程度就可以了。

因此，人必须有知识，必须有欲望。从这个角度来看，就知道老子不是禁欲的，否则我们也不用读他的书了。古往今来的大思想家没有一个是主张禁欲的，如果他说禁欲，你就问他一句话：那你自己一点儿欲望都没有吗？他就回答不出来了。也没有一个思想家是主张纵欲的，因为谁都知道，纵欲的害处太大。

讲到无知无欲，我们一定要明白，老子不主张禁欲，也不主张纵欲。他只是把那种又有禁又有纵、又不能禁又不能纵的状态，叫作“无知无欲”。无知的意思不是没有知识，而是不要有太多不必要的知识。无欲，不是没有欲望，而是不要有太多不必要的、有害的欲望。尤其是现在，小孩子一学会上网就不好办了，因为他控制不了自己。人有欲望，本来不是坏事。欲望是让人成长的动力，是让人进步的关键。可一旦人的欲望无穷无尽，就糟糕了。

举个例子，一个人看到人家抽烟，觉得抽烟很酷，尤其是那种“吞云吐雾”的感觉，跟神仙一样。再加上他从小就接触“饭后一根烟，赛过活神仙”的“知识”，于是就想试试看。这样一来，他很快就上瘾了，不管再怎么深恶痛绝，就是戒不掉。这怪谁呢？

|有些事，知道得差不多就行|

因此，我们更佩服老子，他好像有先见之明，知道人类一旦有了知识，就会不断地膨胀。用我们今天的话来说，叫作“知识爆炸”。知识一爆炸，人类就受不了。为什么？第一，人们没有足够的判断能力，不知道哪些正当、哪些不正当。第二，就算有判断能力，也控制不了自己。刚开始说这个绝不做，可是慢慢就想试试看，告诉自己要有限度地做，最后往往一发不可收拾，自己挡不住，谁也控制不了。这都是事实，而且非常可怕。

老子当年讲无知无欲，是看得很深、很远、很广的。我们要知识，但是掌握太多的知识不但没有用，反而有害，那还要它干什么？我们现在说要体检，我不反对，本来就应该体检。可是检了一次之后，觉得还不错，马上接着要检第二次，甚至每三个月一定要检一次，那就是非要找出自己的毛病不可，这远比对自己的心理暗示更可怕。所以有些事情，我们说人有知的权利，这是对的，可也不能过分夸张。说实话，如果一个人真正有智慧的话，就会明白，很多事情，知道得差不多就行了，没必要继续深入。

举一个例子。一个母亲觉得自己很有知识，她在小孩子吃饭的时候告诉他：你要吃胡萝卜，里面含有丰富的维生素，对身体很好……每种食物都讲。请问，小孩子记得住吗？听得懂吗？做母亲的只是在炫耀自己的学问而已。她心目当中还有小孩子吗？小孩子在吃饭，肠胃要蠕动，如果专心听她讲话，一定会消化不良。有很多人心目当中只有自己，从来没有别人，觉得自己很热心，其实这样不但害别人，也害自己。因为所有事情到最后都是循环往复的，谁都逃不掉。

父母过世以后，我们不能忘记他们，要定期去上坟祭拜，这是中国延续几千年的传统。可是我们也规定，一年一次，顶多两次，不可以常常去，因为常常去的话，大家就会有疑问：到底是死人重要还是活人重要？可见任何事情都有一个度。花早开是一定会早谢的，果早熟是一定会被先吃掉的。人如果提前掌握很多的知识，就连童年都不会快乐，这是人类的不幸。可是我们现在反而认为这样才是进步，那就是观念错误。所以，无知无欲才是现代人应该追求的境界。

道是不主宰人的，这一点我们要常常记在脑海里面。道如果主宰人，人就不必那么伤脑筋，自然就会知道合理的程度。而如果这样的话，人就没有什么价值了，因为完全被摆布，一点儿自主性都没有，还能有什么创造力呢？因此，我们必须常常告诉自己，任何事情，那个度要靠自己去掌握，而且随时要有不同的标准。这是最好的学习，也是最好的修炼。

慎断善恶、是非

|别用不完整的认知简单判断|

老子在《道德经》第四十九章中讲了这样几句话："善者，吾善之；不善者，吾亦善之，德善。"这是什么意思？就是说，一般人认为是善的，我也认为是善的；大家认为不善的，我还认为是善的。有人说这不是糊涂吗？不是是非不明吗？不是无知吗？当然，他所谓的无知跟老子所讲的无知是不太一样的，他理解的无知是完全没有感觉、没有知识，而老子讲的无知是说要知道以后自己应该怎么样拿捏尺度，才能使自己不受知的迷惑。二者完全不可相提并论。老子说，这种态度、这种心态才是真正的德善。德，通"得"，得到的意思，这样就得到善了。

比如，你的小孩子，第一次拿了隔壁屋里的钱，你就认为他是偷，那不是在冤枉小孩子吗？小孩子跑到隔壁屋里去玩，看到桌子上有钱，他就拿了。因为他还没有财产所有权的概念，他认为钱是可以拿的。而你一下就断定小孩子这么小的年纪就有偷窃行为，将来肯定更糟，于是为了他好，赶紧跟他讲一大堆道理。他本来还不知道什么是偷，你这种做法反而等于告诉他，原来可以偷。这是谁的罪过呢？你说你在做善事，实际上很显然你在做坏事。

老子接着又说："信者，吾信之；不信者，吾亦信之，德信。"意思是：讲信用的，我对他讲信用；不讲信用的，我也对他讲信用，这样我就得到了真正的信用。如果从字面上来解释这句话，就是人家骗你钱，你就让他骗。这就是标准的笨蛋了。你上当一次，人家会说你是无知；上当两次，人家会说你是愚蠢。老子怎么可能比这种人还糟糕呢？这显然是不可能的。老子也不是是非不明。中国人最讨厌是非不明的人，可是我们还有另外一面，就是非常不喜欢是非过于分明的人。为什么？因为看到他不讲信用，就摆明了说"你是没有信用的，我以后对你也不讲信用"，这样就等于把他逼到墙角里面去了，就算他再讲信用也没有人会相信了。这是好还是坏呢？

举一个例子。有人要向我借500块钱，说了一大堆理由，我一听就知道是假的。但是我不拆穿他，只说好好好，尽量想办法，到最后还是没有借给他，可我没有明说他是在骗我。我这样做的目的是什么？就是让他自己去反省，这样我才算是真正在做好事。如果我直接拆穿他，说他是骗人的，他心里就会想：反正你已经把我看穿了，那我反省也没有用，改变也没有用。然后他就想尽办法，非要把钱骗到手不可。说难听一点儿，这种人就是不了解什么叫作“知”。有时候我们不说他，他还会自己改变；一说他，他就认为我们已经判他死刑，干脆就破罐子破摔了。

最近几年的形势变化很快，很多公司突然间订单少了很多，而一些实业家又不懂互联网、电子商务，所以他们问我到底应该干还是不应该干。我不敢回答，只能告诉他们：“中国人所有的问题只有一个答案，也是最好的答案，任何人问你，你就问他：‘你看呢？’就没事了。”

中国人问问题的时候，大多心中已经有数了，他只是想看看你跟他的看法是否一致。其实非常简单，有些人，你叫他别干，他马上讲一大堆理由说怎么可以不干呢，最后你还是感到不愉快。

中国人很有意思，如果你真正读懂了《周易》，你就会对中国人了如指掌。说得玄一点儿，当老板的要做到：主管一脚踏进门来，你就知道他要干什么。中国人看起来很复杂，事实上很单纯。

老子认为，对于不善的人，也要善待之；对于不讲信用的人，也要讲信用。其实，这样做并非不辨善恶、是非，而是提醒我们，不要以自己并不完整的认知，只凭事物的表面现象，就来简单地判断善恶、是非。

别被世俗的价值观误导

老子在《道德经》第十九章里说："绝圣弃智，民利百倍；绝仁弃义，民复孝慈；绝巧弃利，盗贼无有。"有人会觉得老子讲"绝圣"是很好笑的，因为他自己本身就是圣人，还绝什么圣呢？其实，如果老子存心想当圣人的话，他就不讲这个话了。老子根本就没有想要当圣人，是我们非捧着他当圣人不可。

一般人没有资格讲"绝圣"，因为他这辈子不可能当圣人。一个人很会跳舞，他才有资格说，跳舞不要入迷，入迷是很糟糕的，学到差不多，跳到差不多就可以了。我们要把无知的真正意思弄清楚。你是圣人，你才可以讲。其实，圣人有时候也会害人，也会说错话，也可能拿捏不准。但是一个有很丰富知识的人，才有资格告诉大家：有很多知识你们宁可不要，宁可不知道，一知道就糟糕了，可能刚开始还能控制得住，慢慢就控制不了自己的欲望了，这种知识要来干吗呢？"民利百倍"是说，老百姓就能得到一百倍以上的利益。

“绝仁弃义，民复孝慈”，绝口不谈什么仁义，老百姓就会对父母孝敬，对子女慈爱。讲了半天做父母的要怎么样才会受到子女的欢迎，做子女的要怎么样才能够博取父母的欢心……完全是虚伪的、表面的、不纯不真的，这叫作“机巧”，叫作“诈伪”。所以老子才会讲“绝巧弃利”，就是把所有的机巧弃掉，把所有的诈伪拒绝，把满脑子想得到的利益放弃，就没有盗贼了。谁愿意当盗贼呢？就是大家都认为那个东西珍贵，偷、抢了以后，可以得到很多的利益，所以才有人去“偷鸡摸狗”。古代没有人偷有“石中之王”之称的田黄石，因为在他们眼里，那只是一块石头而已。可现在的人不同了，非得费尽心机把那个石头拿到手不可。这是谁造成的？大家心里都很明白。

有人因为老子讲这些话，就认为老子反对圣人，反对知识，这未免太偏颇。老子不是没有是非，而是慎断是非，这对我们影响太大了。我们都知道，判断是非不容易，“清官难断家务事”“公说公有理，婆说婆有理”。谁都有道理，怎么办？要很谨慎，慢慢来，自己看清楚一点儿，再问问别人，这才是正确的态度。可是我们现在都认为，一个人要当机立断，要显示魄力，要是非分明……从某种程度上来讲，这就叫作“纵欲”。

我们经常听到一句负气的话：“我是说错了，但是说错了又怎么样？”说这种话的人就是完全不负责任。仁义用来行道是很好的，但是历史上有太多的人，把仁义当作礼教来杀人，就太可怕了。如果男女都重视贞操，贞操就没有问题，如果片面要求女人重视贞操，这就是用礼教杀人。虽然相差无几，结果却是天壤之别。

礼教一直被认为是封建社会的糟粕，其实真正害人的不是礼教本身，而是那些巧言令色、利用礼教来满足个人欲望的人。而老子所说的“无知无欲”就是在提醒我们，不要相信那些美丽的谎言，不要被世俗的价值观误导，要避免增加那些无益的欲望。

少私寡欲

老子在《道德经》第三章里写道："不见可欲，使民心不乱。"民心为什么会乱？就是有人在鼓吹。只要有人引导，有人鼓吹，很多不好的观念就容易为人所接受，迷乱人心。

这里讲一个实例给大家参考。

有一个小孩子大概只有 13 岁，他跟我说："我这辈子是不是一定要考好学校，要读好学校呢？"我知道他问这个问题，绝不是他自己要问的，而是他父母的问题。所以我就直截了当地问他："你父母觉得怎么样？"他说："我的父母嘴上说你好好做人，尽力去读，读到什么程度都很好，不要勉强，也说不一定要读名校，讲得头头是道。"我说："那你就很清楚了嘛。"他说："我还是不清楚。"我说："为什么？"他说："他们两个平常都是这样讲的，可是当我在看电视的时候，我就发现他们那种眼神在告诉我一些不一样的东西。他们一看到有人考取了北大，眼睛就亮起来了，一副很羡慕的样子，说什么‘这是哪家的孩子，怎么教得这么好’之类的话，我就知道，他们平常说的话完全不是发自内心的。”你看，才十几岁的小孩子，他就清清楚楚了，想骗他没那么容易。可是父母的这种反应，明显是给了小孩子不良的暗示和影响。

所以，在《道德经》第十二章中，老子清楚地告诉我们：“五色令人目盲，五音令人耳聋，五味令人口爽，驰骋畋猎令人心发狂，难得之货令人行妨。是以圣人为腹不为目，故去彼取此。”

“五色令人目盲”的“五”，是很多种的意思。“盲”，不是眼睛盲了，而是好像盲了一样看不清楚。颜色少的时候，我们很容易分辨，颜色多了以后就眼花缭乱了。“五音令人耳聋”，各种声音同时出现，不是耳朵聋了，而是根本就听不清楚。“五味令人口爽”，各种味道混杂在一起，是不是很爽呢？我们现在所讲的爽，是吃起来很开心、很快活的意思，但是此处的“爽”指的是食而不知其味，就是说不清楚它是什么味道。我们吃东西品尝味道总要有个次序才好，如果一口酸的、一口辣的、一口咸的、一口甜的混着吃，搞到最后整个味觉系统就混乱了。那样的话，可能真的有一天会得失味症，什么味道都吃不出来。

“驰骋畋猎令人心发狂”，驰骋跟畋猎说的是一回事，就是骑着马去打猎，非常快乐，貌似可以主宰那些可怜的小动物的命运。

其实，古人的畋猎本来是有正当的目的，就是要帮助那些动物改善它们的遗传状况，淘汰弱小的，留下强壮的。现在的狩猎不是了，好的也杀，坏的也杀，强的也杀，弱的也杀，大鱼也捕，小鱼也捕，最后搞得人类自己魂不守舍、心神不宁。为什么会这样？就是因为人们违反了天道，才会良心不安。

有一次，我跟一个人一起喝茶。我问他："你现在在哪里高就？"他说："还高什么就，我这辈子什么事都不敢做了。"我一看他不过才四五十岁的样子，就问："怎么回事？"他说："我告诉你，好多国家很多座山上的树都是我雇人砍光的，我还敢做什么事呢？后半生赎罪都来不及了。"我说："你真的砍了那么多树？"他说："是啊，我看好了这座山，问他们要多少钱，我就给他们，然后再让工人上去把树全砍光，拿到市面上去卖。可是后来越来越觉得良心不安了，砍了那么多树，杀害了那么多小动物……"我们都应该好好体会其中的道理。

"难得之货令人行妨"，难得的货物会使我们伤德败性。"行妨"，就是妨害到别人的行为，导致别人的行为准则混乱。"是以圣人为腹不为目，故去彼取此"，"彼"，就是奢侈、浮华。"此"，就是朴实、宁静。看到人家有名牌，为了面子，自己家里再穷也要买一个，实在买不到，就偷，就讨。当一个人可怜到要靠名牌来支撑自己的时候，就一点价值都没有了。但是他自己完全不知道。“圣人为腹不为目”，“目”，指外界所有的东西。什么叫圣人？老子认为，圣人就是内心安宁、平静，不受外面的引诱、惑乱的人。因此圣人不为目，不为看见的那些东西张罗，甚至拼命。一个人如果控制不了自己，就需要反省问题出在哪里。从根本上来说，我们就是要合乎道的“知”，要合乎道的“欲”，而不要那些把道摆在一边的“知”，不要完全没有道做基础的“知”，同时不要去追求那些伤害别人而又对自己不利的虚荣和浮华。

所以，老子苦口婆心，无非是要我们善为道。要知道什么叫作“善”，更要明白什么叫作“道”。

莫若啬：要节制

方方面面都不要浪费

在《道德经》第五十九章中，老子写了简单的几个字："治人事天莫若啬。"什么叫"治人"？有人说，治人不就是管人吗。当然不是。你管人干什么，道都不想主宰人，同样是人，你还要去管别人，这不是很奇怪吗？"治人"的意思，是说要向自然学习，要跟天地一样无私奉献。所以，"治人"就是为社会服务。什么叫"事天"？事天不是说整天去拜天、去求天、去问天，而是指修身。因为天代表自然，而自然是无私奉献的，但是人好像都做不到。正因为做不到，然后才要看看天，想想自己——为什么天能做到，而自己做不到呢？因此，我们要修身。总的来说，"治人"是为社会服务，是向外的；"事天"是看到天以后，就想到自己有很多没有做好的地方，然后就要修治自己，是向内的。

不管对外还是对内，都“莫若啬”，也就是说，再也没有比“啬”更重要的了。什么叫作“啬”？啬就是爱惜、节俭。为什么要爱惜、节俭？“夫唯啬，是谓早服。”一个人，如果知道爱惜、节俭，就会及早地走上道，及早地服从道。

很多人都会有一种感觉，衣柜里的衣服好像永远少一件。明明自己的衣服已经够多了，穿不完了，可是看到别人的衣服，还是会认为比自己的好看，自己再怎么样也要去买一件更好看的。这种想法和做法导致了我们现在过度生产、浪费。生产那么多干什么呢？以前的人，一件衣服穿破了，补一补，缝一缝，实在不能穿了，还要留在家里当便服，买一件新的以备出门拜客之需，这个叫作“啬”。啬，就是要爱惜资源，要节俭，因为资源是有限的。

人一奢侈，就糟糕了，钱就永远不够用。房子已经够气派、够大了，但是搬进去以后，总是觉得少一间房，心想要是再多一个房间就好了。有了车子，怎么都感觉别人的车子比自己的豪华，坐在里面更神气，然后就无论如何都要超越别人。钱不够用，就把修道的时间拿来拼命赚钱，这样一来，人生的方向就已经走偏了。赚钱没有错，但是赚钱只是帮助我们修道的手段和工具，我们不能本末倒置。

有一件事情值得我们去思考。我们看动物，比如羊，从早到晚，都在那里吃东西。一般的动物，每天要花至少六个小时的时间吃东西才能活着。而人类，吃饭只需花费一点点时间，甚至现在都不需要自己做饭，打个电话，叫个外卖，就可以了。所以动物花在吃饭上的时间远比我们人类长，因为它们活着就是为了生存而已。为什么人类花在吃东西上的时间最短？因为我们有神圣的责任，即要留下更多的时间来修道。

“啬”跟“俭”是同一个意思，但是千万记住，节俭并非只是节省金钱。精神、力量，包括时间、资源等方方面面，都要节省，都不可以浪费。

|莫要沦为物质的奴隶|

宇宙是运动的，不管我们怎么做，都不知道它动过来动过去最终会有什么结果。你看，赚钱赚钱，一不合乎道，就亏本了，投得越多，亏得越惨，这样的事情我们看到的太多了。当某一个行业发展得很好，大家都很想从事这个行业的时候，这个行业就开始不赚钱了。我们要考大学，要选科系，大家都觉得物理系最好，统统都挤到物理系去，学生毕业后反而找不到工作了。那选冷门呢？也不一定好。比如说选了一个很冷门的国家的语言，学得很精通，可学成以后，可能也会因为使用这门语言的人过少而找不到工作。所以，人力很难掌握外面的变动，却会受到影响，而且是相当大的影响。所以，与其自己整天想来想去，倒不如找到一个简单的法则去遵行，即依道而行。

老子在《道德经》第五十八章中写得很明白："正复为奇，善复为妖。"现在看它是正的，可能一下子就变成邪的了；现在看它是善的，可能以后就变成不善的，就叫妖了。我们买股票，一定会很慎重地选择自以为稳赚的，可是一旦买进来，有可能它就开始跌了。越跌越生气——大家都在买股票，为什么人家一买就涨，自己一买就跌？

人类应该好好反省一下，我们好不容易发明了一样东西，本来是要帮助我们过好日子的，结果却变成坏事了。比如，在没有制造出货币以前，人们会去拼命赚钱吗？根本没有钱，还赚什么呢？我不否认货币是好东西，作为一种工具，货币方便了我们互通有无和商业贸易。但是发明货币以后，不少人很快就变成了货币的奴隶。

手机本来是很好的，让我们通信方便，可是现在小孩子一天到晚玩手机，连路都不能轻轻松松地走，好像没有了手机就不能生活了。这样的人就变成了手机的奴隶。相似的例子太多了，人变成高楼大厦的奴隶，变成汽车的奴隶，变成所有人类自己后天开发出来的东西的奴隶。这已经不叫生活了。

福祸相倚

|在安定中求进步|

《道德经》第五十八章中有两句大家非常熟悉的话："祸兮，福之所倚；福兮，祸之所伏。"什么叫作"倚"？什么叫作"伏"？就是隐藏、潜伏。道告诉我们，当某一种现象出现的时候，它的里面已经潜伏了一股相反的力量。比如水果刚买来的时候，很鲜美，很香甜，但是放几天之后，就开始慢慢烂了。因为水果里面已经潜伏了很多细菌，准备把它搞坏，这叫"弱者道之用"。

当一个人很有福气的时候，最好不要太得意，因为其中已经潜伏了很多祸患。很多大富翁，一夜之间突然破产，就是实证。很多人想事情，只想到一点，这叫以偏概全。老子很清楚地告诉我们，福祸相依。两个门在那里，不知道哪个是福，哪个是祸，一脚踩进去之后，才发现糟糕，祸来了，跑都跑不掉。福明明在旁边，为什么不进去，偏往祸门那里走？这就是我们常讲的“天堂有路你不走，地狱无门自来投”，无非自作自受罢了。还有一些人，站在福祸之门前，始终犹豫不决，不知道要走哪个门，看到最后，人也老了，生命快耗尽了，还没有进入祸福之门就回到道了，那更不值得。

祸福的变化没有固定的规律，也不能计量。我们很想说一切都可以用科学来计量，可是实际上做不到。比如，我们现在去做身体检查，按照计量的标准，我们可以活到一百岁，做得到吗？做不到。因为今天去量，一切都正常，说不定一夜之间就变化了，就不正常了。这就是老子告诉我们的“玄之又玄”，也是老子所讲的“微明”。虽然变化不甚显著，但是明眼人仍可以看得很清楚，一切都是在逐渐改变的。潜藏的变化最要紧，因为那个很细微的征兆慢慢会变成一个大的结果。可是一般人只会说，哎呀，看不清楚，等看清楚了再说，往往看清楚了就悔之晚矣。

我们到底是要在安定中求进步，还是要在进步中求安定？这也是讨论了很多年的问题。其实，安定是本，本立而道生。进步是末，末是变化的，是现象，不是道之本体。所以，我们只能说，在安定中求进步，而不是在进步中求安定。因为一旦把重点放在进步上，就根本安定不下来。这里有一个本末、先后、轻重的关系。

我有三宝

老子在《道德经》第六十七章中很具体地告诉我们：“我有三宝，持而保之。”我很坚定、长久地保持着这三个宝贝。哪三个宝贝呢？“一曰慈，二曰俭，三曰不敢为天下先。”为什么呢？因为“慈，故能勇；俭，故能广；不敢为天下先，故能成器长”。

“慈，故能勇”，因为慈爱，我们才会勇敢。动物也是一样。比如母鸡，看到有人要夺它的小鸡的时候，它比谁都凶。妈妈很柔弱，因为女性本来就比较温柔，可是为了保护她的子女，她比谁都勇敢。而事情过去之后，妈妈会哭，说自己怎么会是那个样子呢，当时真是吓坏了……其实这就是慈的力量。慈的力量是很大的，这就是柔中有刚，阴中有阳。

“俭，故能广”，节俭，就可以做得更广泛，节省精力，就可以走更远。所以，我们今天常常讲，休息是为了走更远的路。我们节省钱，是为了要做更好的服务；我们把资源储存起来，是为了后代子孙能够继续有资源可用，这样才会广。否则一下子把资源用光，后代会很麻烦。

对于“慈，故能勇”和“俭，故能广”，大家没有争议，争议比较多的是“不敢为天下先”。现在的人天不怕地不怕，偏偏就要敢为天下先。老子所讲的“不敢为天下先”是什么意思呢？它真正的意思是不忘本，而不是讲先后。先后没什么了不起，它只是临时性的，因为先会变后，后也会变先。整句话的意思是说我不忘本，反而能够成为万物之长、万物之灵。

中国人最痛恨的事情就是数典忘祖，认为数典忘祖的人根本就不是人。有这么严重吗？当然严重了。什么叫根本？道就是根本，天地就是根本，自然就是根本，人再怎么创造，再怎么应变，再怎么灵光，都不能离道，不能违道，不能忘本。

我们常常把“不敢为天下先”这句话理解为无论做什么事都不要跑到别人前面去，因为枪打出头鸟。所以有人认为，老子的思想是消极的，在现代社会是不可取的。

我们不必为这个问题争论，如果我们对中国文字有了解的话，会很轻松、很明白地知道：“不敢为天下先”就是“敢为天下先”。“敢为天下先”和“不敢为天下先”，二者之间并没有什么不同，只是说法不一样而已。为什么？因为当我们说“不敢为天下先”的时候，同时包含着另一层意思：如果合理且又顺应自然的话，那“为天下先”也没关系；当我们说“敢为天下先”的时候，意思即是，当时机不恰当的时候是“不敢为天下先”的。

中国人讲话的厉害之处就在这里，我们要学会变通。是里面含有不是，不是里面含有是；善里面有恶，恶里面也有善；要会变成不要，不要也会变成要。这个需要我们花一点时间好好体会。这也是《周易》的思维，而且几乎诸子百家的思想里面都含有这样一种变动性。中国人有一个很高明的做法，即本立而道生。我们站在不要的立场来要，站在没有意见的立场来发表意见，站在不敢为天下先的立场敢为天下先。

三宝之中，以慈最为重要。有慈爱之心，战争就容易取胜；有慈爱之心，防御就很难被攻破。但是，以慈爱之心来节俭并不等于事事节省。我们看，就算妈妈在最节俭的时候，只要过年，再怎么样也会给小孩子买件新衣服，这是当用不省。只有慈，才能广；只有慈，才能勇。爱都是自私的，因爱生恨的事情我们见得也不少，但是慈从来就不会生恨。

为人类谋福

|儒道殊途同归|

当我们想到未来的时候，心里都很明白：未来是会变化的。明天跟今天不一样，正如今天和昨天不一样。但是，一方面我们知道未来会有变化，另一方面我们心里也明白它不会变到哪里去。如果新的一天来了，太阳却不升起，甚至一夜之间天翻地覆、沧海桑田，这还得了吗？所以，我们相信宇宙是有秩序的。虽然一切都在转动，但这些转动有其规律性，我们把它叫作自然规律。否则的话，我们对未来没有一点儿把握，我们就会感觉很可怕。

我们希望能够在安定中求进步，这叫稳定发展。因此，我们就需要对未来做出合乎常理的预测。人们一听预测就觉得是迷信，这是不对的。预测是科学的。至于有些人用预测来搞欺骗、玩花样，那另当别论。儒家和道家都重视未来的发展，人类如果没有未来，怎么可能安宁？于是，他们就想找到一个方法，来建立一个稳定的社会秩序。儒家用的是什么呢？就是“一阴一阳之谓道”里面“阳”的概念。他们主张利用伦理关系来建立仁义礼智信的社会秩序。可以说，儒家是以乾卦为指导的，儒家的社会秩序是刚性的、进取的，同时也是天赐的。

道家所走的路，跟儒家是不太一样的。老子采取的是阴性的诉求，也就是“一阴一阳之谓道”里面“阴”的部分。他通过自然现象，而不是伦理关系来描述未来社会的图景。他想把人类与生俱来的那种大道的力量发扬出来。因此，如果儒家是刚性的，道家就是柔性的。儒家是进取的，道家就是退让的。孔子说这是天赐给我们的；老子就说，人是生来要秉承这个道的。他们不是互唱反调，而是分头并进，殊途同归。所以，在他们那个时代，两个人的主张是没有分开的。后来的读书人为了研究方便，慢慢把它们分成儒家和道家。最后越分越细，好像两家是南辕北辙，合不到一块儿。其实没有这回事。

儒家所重视的，是人与人之间的关系，是人本位的；道家所重视的，是人与宇宙的契合。所以，真正讲起来，天人合一的部分，反而是老子讲得比较透彻。人当然重要，但是人一定要配合天。人所有的作为，都要合乎自然，这是老子的主张。

|老子思想可成为中国科学的根基|

有很多科学家都在研究老子，其中有一位非常出色，他就是研究中国古代科学技术史的学者，叫李约瑟。李约瑟写过一本书，名字就叫《中国科学技术史》。他在这本书里面写得很清楚，道家思想是中国科学技术的根本。他使用了“根本”二字，可见道家思想对中国科技发展的重要意义。他认为道家对天地的推究和洞察，完全可以和西方亚里士多德以前的希腊诸贤相媲美。希腊的学术思想，后来变成西方科学的根源。老子的思想也可以变成中国科学的基础。

科学和哲学不同，是不应该分国界的，那么，为什么李约瑟会特别指出他研究的是中国科学呢？这是值得我们思考的。

李约瑟甚至公开表示，他是皈依道家的外国人。日本第一位获得诺贝尔奖的物理学家汤川秀树也认为，中国古代的科学如果能够沿着道家的轨道一路走下来，也许就会顺利地发展出来。李约瑟认为，现代的西方科学因为欠缺了老子“道”的指引而误入歧途。汤川秀树对此更是心知肚明。这位日本物理学家深深体悟到了道家思想的科学意义，这是非常难得的。

美国也有一位物理学家叫科普拉，在西方他被认为是现代道家的代表人物。从这些方面我们可以看出，老子的《道德经》在全世界范围内都受到重视。大家都很用心地读他的书。科普拉说，在传统的学术当中，只有道家提供了最深刻、最完美的科学理论根据。它以其特有的生态智慧，指出自然的和谐发展与生生不息之道。如果人类能够一直按照老子的思想来发展科技，就不至于形成现在不可收拾的自然与科学的断层。

举一个例子，就是发明塑料袋的科学家。这位科学家虽然研究出塑料袋，但很谨慎，他跟公司讲，这个东西虽然做出来了，可是还没有办法分解它。任何东西，当只能把它做出来而无法分解它的时候，这个东西就永远是有问题的。所以，这位科学家请求公司延迟生产，再给他一段时间研究分解的方法以及是否会对环境造成不良影响。公司管理者嘴上答应得很好，一转身就大量生产。结果，这位发明塑料袋的人自杀了。因为他内心不安，他觉得自己做了坏事情，对不起人类，对不起整个宇宙。

| 21 世纪是环保的世纪 |

有人认为，有着几千年古老文明的中国，有哲学，有文学，但是没有科学。即使中国在很长的历史时期中，曾经在各方面都领先于世界各国，也被说成只是工艺上的先进，而不是科学上的发达。

如果说，我们只有工艺，没有科学，这种话很牵强。你看现在很多出土的东西，我们一直搞不清楚是怎样保存下来的。这就证明古代的科学技术，直到今天我们还弄不清楚。当时的中国，重视“四书五经”，重视考试，那些技术人才没有得到应有的尊重和重视。他们没有机会升官发财，只有默默地耕耘。

但是，我们不能够忽视他们的贡献。前文已经讲过，道家最关心的，就是人与自然的和谐共生。现在全球污染严重，气候异常，我们不应该继续像 19 世纪、20 世纪那样，拼命、盲目地发展科技。我们不应该再说，21 世纪是科学的世纪，反而应该说，21 世纪是环保的世纪。科技的发展，应该受到一些合理的约束，我们应该多花费一些心力来爱护我们的环境，来保护我们赖以生存的地球。

人类学的研究成果认为，人本身没有什么了不起，只不过是动物的一种而已。这种观念，对我们的言行和生活都产生了很大的影响。如果一个人把所有注意力都集中在物质欲望的满足上，那么他的内心一定是很空虚的。

我偶然看过一档电视节目，讲的是一个时尚女郎从外面回到家，一进门就把高跟鞋一脚踢开，皮包一扔，酒瓶一开，然后傲慢地对别人说，“我的皮包有几十个，你想要哪一个，随便拿”。电视制作人浪费了那么多宝贵的时间，那么多宝贵的资源，制作这种节目，请问他的理想在哪里？

这种人不迷信，不迷信并不意味着就是对的。现在，我们的物质欲求得到了充分的满足，如果古代的皇帝看到这些，他肯定连皇帝也不当了，就做个小老百姓。可是，当今有很多人，有各种心理问题，甚至晚上吃了安眠药都睡不着。弄得自己紧张兮兮的，整天觉得压力太大。这又何苦呢？

|顺应自然才能幸福|

现在的人，固然要学儒家的积极奋发、刻苦耐劳，但也应该想想老子告诉我们的道理。科技把我们从忙碌中解放出来，使我们有了更多的空闲时间，我们却没有借用科技带来的便利和时机把我们的品德修养好。

我们应该感谢大自然。虽然大自然不会说话，可是它会显现出很多的现象，让我们透过现象去寻找它背后的“道”。你看，如果没有金融风暴，如果没有欧洲债务危机，如果没有日本的核泄露事件，我们还是糊里糊涂的，认为世界一切皆好。发生这几件大事以后，很多人开始反思。长期以来，大家一直在说人定胜天，一切问题都可以用科学的方法来解决，现在我们才知道，好像不是这样。事前再怎么保证，事后都是两手一摊，最终没有办法。这就是我们亲眼看到的现象。人力固然非常强大，而且越来越强大，但和自然的力量相比，人类的力量还是非常微小的。人力很难抗拒自然。所以，我们还是要回过头来调整自己。只有顺应自然，才能够得到理想的幸福。

幸福，不取决于外在的因素。这很容易理解。当每一个人都穿得很好看的时候，就表示没有人很好看。一个人穿名牌，人家也许会看他一眼，他还值得炫耀。当所有人都穿名牌的时候，那他算什么？他跟大家还不都是一样？这就没有价值了。幸福，只是内心的感觉。你是不是很舒畅、是不是很安定、是不是很喜悦，别人不知道，只有你自己心里明白。但是这种内心的感觉来自哪里？来自你的道德修养。

世界上的事情，永远是变动的。因为变动，所以每个人都有机会。如果万事都是固定的，那就糟糕了。阶级是固定的，但阶层是变化的，所以值得每个人去追求上进。我们应该把阶级和阶层好好区分开来。其实，我们当下最需要的就是反省自己的能力。只有随时反省自己、调整自己，才能够使自己回归正道。如果大家都能这样，那科技的发展也是好事情。

| 共同遵守天之道、圣人之道 |

现在的人，太重视“有”了。一定要有能力，有能力一定要表现，一定要有作为，作为要让别人知道，凡事都有办法，要有魄力……我们忘记了，人力是很有限的。我们的作为，别人是不重视的。同时，所有的事情都是做不完的。钱赚得完吗？就算你很有钱，但和世界首富相比，你还算得上有钱吗？所以，我们要知道，人的能力是有限的。我们现在所做的事情，可以用一句俗语讲清楚：抓了一只老鼠，跑掉了一只羊。为了抓老鼠而跑掉了一只羊，损失也太大了。

现在，人类已经开始反思：工业革命好吗？工业革命当然有它的好处，但也带来了很多坏处。商业挂帅好吗？当然有它的好处，但是如果大家满脑子都是钱，一点儿别的追求也没有，人就变成了钱的奴隶。我们现在动不动就说，政治、经济要分离，能做到吗？现在什么都要量化、标准化，吃饭有没有量化，有没有标准化呢？我们只要冷静下来思考一下，就知道全都经不起考验。这些都是拿来骗别人，骗自己，最后骗大家的。

《周易》中所讲的道理，应该是 21 世纪全球化最有效的指南，而老子和孔子，都是从不同的角度来解释《周易》的。这两位圣人的思想对我们来说都很重要。因为，作为一个中国人，我们要求儒、道、释三教合一。

“天之道，利而不害；圣人之道，为而不争”，这对我们有很大的启发。自然的规律就叫“天之道”。后来，民间把“天之道”的“之”字，念成了“知道”的“知”，变成了“天知道”。其实，“天知道”，就是讲的“天之道”，它是利而无害的。“圣人之道”代表人间的道理，多力行，少争取。让我们共同来遵守天之道、圣人之道，这对地球村的发展一定会产生正面的、积极的、有价值的影响。

老天不说话，却随时在给我们提供信息。当书店关闭以后，你应该很高兴才对，这就是叫大家不要浪费纸张、浪费资源，没必要多写书、多印书。有几本书就够了。我们有《论语》，有《道德经》，有《周易》，这就够了，你还写什么？我学了很多数学知识，学微积分，画图画到三更半夜，毕业以后却从来没有画过一张图。所以我的老师问我，你这一套是从哪里学来的？意思是说，他都没有教我，我怎么知道。我心里想，我都照你那套走，我就完了。所以，任何东西只要拿来当作考试用，那个东西就废掉了。中国人不是教育得不好，而是考试导向很不好，这是最大的错误。

其实，英语晚一点学没有关系，因为语言只是工具而已。我是闽南人，小时候不会讲福州话，我的初中是在福州读的。那时候，福州的老师无论是讲历史、地理、数学，还是化学，全部都说福州话。一开始，我一句话都听不懂，可是两个月后，我全听懂了。可见，学语言并不难。

不学好汉语，对民族自尊心是非常大的伤害。现在，使用汉字的人数在全世界是最多的。以前我们还很担心，用了电脑以后，不学英语操作不了，现在用中文操作比用英语还快。

大家都清楚，中文字典始终就那么厚，英文字典却每年增加，越来越厚。了解了这个，你就知道到底哪一种文字好用了。我们发明自行车以后，用“自行车”三个字来形容就可以了。而西方人只好再造一个词，叫 bicycle。中国字，你只要懂大概七百个就可以了。英文只要一个字母变了，你就什么都不懂。所以，哪种语言好呢？当然是我们的语言好。

从家庭教育抓起

中国曾经是世界上一个强大的国家，但是，中国的近代史，是一部饱受欺凌的屈辱史。于是许多人把中国落后的原因，归罪于中国文化的落后。但是，究竟什么才是真正的中国文化呢？早在两千五百多年前，中国就已经出现了老子、孔子这样世界闻名的哲学家，老子的《道德经》被翻译成几十种文字，在全世界流传。而中国历代统治者，为了皇权统治的需要，曲解了古圣先贤的思想，偏离了中华道统文化的正道。那么，我们如何才能正本清源，发扬中华道统文化的真正作用呢？

我的答案是：从现在开始，从家庭教育开始，尽快回归我们自己的文化，尽快把老子、孔子、伏羲的思想活用起来。最重要的是，要告诉自己的孩子：这件事情你现在可能是这种看法，但是当你长大以后，你的想法会变。否则你就是在害他。人的一生就是不停地长进，不停地成长，而不是我三年级学的答案，到五年级还是一样，到一百岁都是这样，那就叫不长进，就没有成长。中国字在不同的地方，会有不同的解释，我们非常灵活，一点儿也不死板。

所以，讲中国话，看中国字，左右脑都通，脑筋非常灵活，什么话都能听懂。

父母要尽起责任来，让你的孩子有好的生活能力，这一点最重要。人的一生，最宝贵的是生活能力，而不是专业知识。要教育孩子有良好的生活习惯，还要有坚定的民族自信心。

我们年轻的时候，日本人欺负我们，我们从来就没有想过他们会打赢，从来没有想过我们会输。我们的教育一定要从根教起，否则的话，其他都免谈。从小你就要告诉你的孩子，家里有基本的药品。如果身体不好，你就告诉他，要如何锻炼自己，而最要紧的是，心要正，而且要非常正。

但问题是，“心正”这两个字经常害死人。我们必须在这里说明。我们从小就被告知做人要规规矩矩，最后却是通通不规矩。为什么？你教错了。孔子并没有说你对任何人都要讲信用。孔子是说，人家对你讲信用，你不能对人家不讲信用；但是当你发现人家对你不讲信用的时候，你就不一定要跟他讲信用。这样才对。老子也没有说要以德报怨，而只是讲事先你用德，使他不产生怨，不是讲事后你用德来化怨。

我们今天说以德报怨，其实儒道哪一家都没有主张过以德报怨，如果以德报怨，怎么报德？那就没有是非了。一个人必须要有是非观念，但不能是非分明。类似这些，都是被我们长期以来扭曲掉的，如果照此一直传下去，还不如不学。所以，我们一定要正本清源，还原老祖宗的本意，好好地把它重新传播出去。

伍

致虚守静，养生之道的探索

何谓“冲”“虚”

罗浮山

在广东省惠州市博罗县，有一处风景区，叫罗浮山。这里不但风景秀美，还存有渊源深厚的中国传统文化的遗迹。

中华民族的学问说起来只有一个字，叫作“道”。什么叫作“道”？人们来到罗浮山，如果能够安静下来，自然会感受到它。从远处看罗浮山，没有看到雄伟的山峰，可是会看到云雾，进到山里面，也到处是云。云像什么？有人说云像龙，别人一看，怎么不像呢？这就是道，怎么说都对，可是又怎么说都不对。这不是诡辩，而是云本身在变化，你看的时候它明明是龙，一点儿不错，可是别人再看的时候，时已经改变了，所以它可能会变成一头象。万象是随时在改变的。

我们的圣贤非常聪明，知道世界上最不可靠的就是人的眼睛。现代科学证明，老祖宗所讲的话千真万确，因为眼睛所能看到的非常有限，有很多我们根本就看不到，但它是存在的。现象最迷人，但它是假的，不是真的。你一看，它变了，另外一个人再看，它又变了。

说起罗浮山，很多人认为它是两座山，是罗山和浮山合在一起的。南面是罗山，北面是浮山，有座石桥天然连接南北。

为什么叫罗浮山，不叫浮罗山？到底是一座山，还是两座山？读过《周易》的人，他的答案应该跟我差不多：你说它是一座山，它就是一座山，叫作“罗浮山”；你说它是两座山，它就是两座山，一座叫罗山，一座叫浮山。这才是《周易》：一分为二，二合为一；有合必有分，有分必有合；阴中有阳，阳中有阴。所以，中国人的事情用一句话就可以概括，一而二，二而一。关于这一点，外国人听起来就生气。外国人说一就是一，二就是二。我们一就是二，二就是一，这是二者最明显的区别。

罗浮山是有两座山，一座罗山，一座浮山。但就山来讲，一定叫罗浮，不可以叫浮罗。因为山不能浮起来，山怎么能浮起来？浮的山罗（箩）盖住，那才可以，罗（箩）在下面，山浮起来就随时不见了。中国人做任何事情，其实都是有哲理的。一就是二，二就是一，因为阴阳不分开。这就叫作“一阴一阳之谓道”。中华文化的建立是以《周易》为基础的，老子就是专门替高等智慧的人解释《周易》的，只有自身有很大的包容性，同时又看得很深远、很广大的人，才能听懂老子的话。

| 冲虚的作用 |

罗浮山南麓朱明洞景区麻姑峰下，有一个古观，是东晋人葛洪创建的，这里是全国知名的道教圣地，十大洞天中的第七洞天，叫作“冲虚古观”。

冲虚古观中的“冲”“虚”两个字，就出自《道德经》。老子在《道德经》第三章中写道：“虚其心，实其腹。”“虚其心”，就是要把心里那种贪念虚掉，最好连贪念都不要有。现在的小孩子很可怜，本来没有贪念，可是大人处处教小孩子贪：“他的玩具比你的好，去跟他要。”“这里有一个新的玩具，你想不想要？”小孩子的贪念，都是这样被大人引出来的，结果害得孩子一辈子痛苦。心，含有欲和知的功能。所有的欲望，都是从心里产生的，所有的知识都摆在心里，然后你才会知道这个，知道那个。其实，知道那么多干什么？你知道怎么样做炸药，知道怎么样上网去买毒药，可是知道这些有什么好处呢？如果拿来教小孩子，岂不是贻害无穷？

“实其腹”和“虚其心”刚好是相对的。要把他的肚子填得饱饱的，满足其基本的欲望，然后你才可以去疏导、去减少他的贪念。从现实层面来看，当一个人没有东西吃的时候，反而比较单纯，因为他没有太多要求，只要温饱就谢天谢地了。可是有了钱以后，他就开始作怪、不虚心了，动不动就发脾气，动不动就骂人。

政府要让老百姓实现温饱，然后还要实施教化。这教化是无言之教，而不是下命令，不是规定。政府要教化百姓，让百姓把喜欢奢侈、爱好虚荣、贪得无厌的心理慢慢虚化掉。

现在大家都在谈论“为富不仁”的问题。为什么会“为富不仁”呢？这不是富的问题，而是不仁的问题。我们常常觉得，好像是圣人主张我们不要有钱，这是不对的。富没有关系，但是不能不仁。“为富不仁”为什么可怕？因为它会扰乱人心，败坏风气。

老子在《道德经》第五章里写道：“虚而不屈，动而愈出。”风箱里面如果装满东西，就不是风箱了。风箱就是一个空虚的东西，才有作用，空气进得去出得来，所以叫作“不屈”。“不屈”

就是不穷竭的意思，不管怎么用，它始终可以发生作用。“动而愈出”，不发动则已，一发动就越生越多，发动的那个动作，叫作“道冲”，然后作用就不停地发生。老子希望我们从这些现象中能够有所感悟。

在《道德经》第十六章中，老子讲虚极静笃。我们一般人讲的都是修身，实际上要修心，两者要并重。修心，就是要虚极，要静笃。所以，老子说：“致虚极，守静笃。”“致虚极”，就是心要虚，要虚化掉心中的执着。我们心中经常执着，要晴天才好，下雨天就不好了；晚上要热闹才好，安静就很寂寞。这就是执着，而且是盲目执着。不把这些虚化掉，就化解不了我们的心病。“守静笃”，守静要守到很笃实的程度。这很不容易，安静一分钟可以，两分钟可以，到第三分钟就有点困难了。静是非常不容易的事情，能够使心归静，要花费很大的功夫。

《道德经》第四章中，第一句话是“道冲而用之或不盈”。有人说，道是“冲而用之”，其实不是。“道冲”，是一个名词。因为道是虚的，一定要用冲才有作用，如果道是静的，就生不出东西来。

中国人喝茶的时候，都说“冲杯茶”，为什么呢？就是根据《道德经》来的。一冲，一个新的东西就产生了，那个味道也就出来了。“道冲而用之或不盈”，一个很简单的动作，但不管你怎么做，怎么使用，它都不会满，因为一满就没有用了。这是一个很重要的观念。我们喜欢满，可是一满就会招损，“满招损，谦受益”，所以最好不要满。

“冲”，就是使它虚，它永远不会满，时时保持冲虚，就永远可以使用，这就叫作“道”。

养浩然正气

什么叫养生？我们现在所谓的养生只是重视养身体，这是错的。养生的根本是养心，而不是养身。如果心没有养好，无论吃补药还是吃保健品都没有用，练功也没有用。我们有各种门派，其实都是人造的。当气通了以后，身体自然会有一些动作出来，这些动作是你身体上的需要，而不是每一个人都要这样动的。所以，有人看到你这一套动作很好，把它画下来，然后就去传，结果，练了半天都没有用。

为什么我会安排在罗浮山冲虚古观前与大家交流？没有来之前我也不知道。孔子五十知天命，我当然不如孔子，五十岁时还不知天命。可是六十岁以后我做到了一点，就是要做一个听天由命的人。听起来，听天由命好像很消极，大家不要误解，其实天是最高明的，你不听天的，你要听谁的？由命就是由自己的命去做，不强求。来到罗浮山以后，我才知道，这真是非常巧妙的安排。

罗浮山开发的时间非常短，因此，它的资源保护得比较完整。什么地方是世外桃源？答案是：人没有到过的地方就叫世外桃源，人一到就糟蹋了。人很可贵，但是也非常可怕。

来到罗浮山，有几点很值得我们注意。

第一，罗浮山的中草药材有几千种，这是非常值得重视，值得开发的。现在老年人很多，政府的医疗开销会很大，如果不能很好地解决国民的医疗问题，会很麻烦。很多人都说应该加强对疾病的治疗，我并不赞成。还有人说要捐钱来研究对癌症的治疗，我也是反对的。

我认为，如果有人想要捐钱，不要想着怎么样治病，而是要想怎么样防病。为什么有人愿意捐钱去治病，不愿意捐钱去防病呢？因为防病赚不到钱，治病才能捞回本。这些人动机不良。

在我们小的时候，哪里有这么多医生，那时几乎每家都有一个医药箱，日常需要用的药都在里面备着。现在我们要做的，是把它普及到民间，这种方式是值得挖掘的。

第二，罗浮山空气中的负离子含量是全国最高的，在这里养生非常合适。什么叫养生？养，养什么？生，生什么？中国人的哲学就叫生生，生生不息。我们不谈死，我们把死叫作“往生”。

养生是养身和心两部分。现在的人只重视养身，其实是不对的，要养心。心能养什么？孟子讲得最清楚，养浩然之气。把浩然正气养出来，邪气不侵，人就会少生病。这些观念应该在最短的时间内，普及到我们的所有家庭里，这才是长久之计。每个人都可以照此来做。

如果从小学开始，我们就培养小孩子正确的生活习惯、正确的卫生观念、正确的饮食行为，那样会减少很多疾病。身体的基础打好以后，随着年龄的增长，再教给孩子一些自我调整、自我保养的方法，这会是一笔很大的财富。财富不一定是赚进来的，减少支出也是财富。

我们现在却不是这样。现在的人趁着年轻，拼命赚钱，到了中年以后，很老实地转手把钱交给医生。这样做划不来。其实，人不应该变成一个赚钱的机器，在身体好的时候应该分出更多的时间来照顾自己、照顾家人。在没有生病之时照顾家人，心情会比较愉快，生病以后再怎么照顾，心情都是沉重的，负担也会很重。久病床前无孝子，一个病人可能拖垮一家人。而且，社会老龄化以后，我们很难找到人来照顾，到时候有钱也找不到人。所以，我们现在需要未雨绸缪，做一些比较长远的打算。

罗浮山奇峰仙泉，连人称“葛仙翁”的葛洪都被这里吸引。

抱朴之士：葛洪先师

|葛洪年谱|

葛洪，字稚川，自号抱朴子，人称“葛仙公”。公元 306 年，二十多岁就已经当上伏波将军的葛洪，第一次来到罗浮山，就被这里的奇峰仙泉吸引。葛洪晚年又回到罗浮山，并一直在罗浮山修炼、著书，直到去世。

我们先来看葛洪的年谱。

葛洪，晋武帝太康四年（公元 283 年）出生。

13 岁，父去世。其父时任邵陵太守。葛洪家道中落，日渐饥困，不得已而躬耕执稼。此后，他发奋读书。先人典籍荡尽，乃负笈徒步行借。且躬自伐薪以贸纸笔。夜辄抄撮众书，用功虽少，而获益良多。思虑不凡而见识广博，欲以“文儒”为志。

16 岁，拜郑隐为师，开始研读《孝经》《论语》《诗经》《周易》。欲精治五经，著一子书，令后世知其为文儒，且无意于仕途。

18 岁，“八王之乱”使得民不聊生，朝政败坏。

20 岁，着手草创子书，始写《抱朴子》。

21 岁，出任将兵都尉，迁伏波将军。

23 岁，周旋于徐、豫、荆、襄、江、广数州之间。

24 岁，巧值故人嵇含（字君道）于襄阳。

25 岁，羁留南土数年，绝意仕途，屡檄不就。其间，曾师事南海太守上党鲍玄（又名鲍靓），并娶鲍玄女为妻。

33 岁，琅邪王司马睿为丞相，洪被辟为府掾。

35 岁，琅邪王即王位于建康。诏书赐洪爵关内侯，食句容之邑两百户。撰成《抱朴子》。

44 岁，养牛近 20 头。因当地老虎众多，前后不过百日，牛被老虎吃掉六七头。县有饥荒，家道迍否。司徒王导召洪补州主簿，转司徒，迁咨议参军。

50 岁，闻交趾产丹，请求为勾漏令。皇帝不许，再求乃准，因率子侄南下。至广州，被刺史邓岳强留，乃止于罗浮山，从事炼丹。优游闲养，著述不辍。

61 岁，一日写信给广州刺史邓岳，说要远行，寻师、寻药，克期便发。邓岳接到信，觉得不对劲，立刻赶来看葛洪，彼时，葛洪已死。“视其颜色如生，体亦柔软，举尸入棺，甚轻，如空衣，世以为尸解得仙。”就是我们通常讲的羽化成仙，葛洪是尸解得仙。

在 13 岁以前，葛洪过的是现在所说的“官二代”的生活，爸爸当官，父母宠爱他，大家照顾他。他根本就不用心读书。13 岁那一年，他的父亲去世。这到底是好事还是坏事？前面已经讲过，任何一件事情，你把它看成好事，它就是好事，把它看成坏事，它绝对是坏事。

再说清楚一点儿，在你面前有一块石头，无论它是大还是小，如果你把它当作垫脚石，它就是你的垫脚石，如果你把它视为绊脚石，它迟早会把你绊倒。葛洪给我们树立了一个很好的榜样。

父亲过世，生活窘困，家道中落，面对这种状况，可能有人会抱怨，怪自己命不好，怪父亲走得太早。葛洪没有抱怨，为了生计，他被迫去耕田，耕田的时候他才觉得读书很重要。所以葛洪读书非常晚，13 岁以后，才开始利用耕种空余的时间读书。可是，他怎么读都读不懂。因此，他才知道要拜师。葛洪拜了一位老师，果然很快就能将书读通。其实，读书不在于时间长短，而在于你身上的窍门有没有打开。我们身上有一些窍门一辈子都没有打开，那样会导致气不通。窍门靠自己打开很难，需要老师指点，有时老师轻轻一点拨，窍门就打开了。

直到 16 岁，葛洪才慢慢感觉到，书里面有很深的道理。但是，当时董仲舒罢黜百家、独尊儒术的结果已经非常明显：逼着大家读书，只为了考试，只为了做官，如果那个管道是平等的，是开放的，当然很好，可迟早是要被垄断的，迟早是不公平的，因此就有反弹，用现在的话讲，叫求新求变。于是，当时的社会风气演变为：谁钻狗洞谁就时髦，谁搞新花样谁就时尚。

|抱朴之士|

看来看去，葛洪觉得还是应该坚持走自己的路，所以他的亲戚、朋友和同学，都觉得他是一个怪人，送给他一个绰号，叫作“抱朴之士”。“朴”是什么意思？“朴”是没有经过雕琢的东西，其实就是道。当别人给你起绰号的时候，你会有什么反应？可以排斥，也可以接受。葛洪是接受的，他觉得这个名字起得好。19 岁的时候，因为住的地方发生动乱，葛洪组织民兵平乱，展现了连他自己都不知道的军事才能。但是，他的战功被别人抢了，没有他的份。这是好事还是坏事？葛洪把它当作好事。

葛洪就此北上洛阳，到处游学，这是他一生的一个拐点。葛洪终于悟到，既然人家称自己是抱朴之士，那自己就写一本书，就叫《抱朴子》。

葛洪用儒家的态度来治学、写书。他并没有说自己要写一本传世的经书，因为没必要，也不可能。道学中所有的话，都被三位圣贤讲完了。哪三位？一位是伏羲氏，一位是老子，还有一位是孔子。后面人所讲的，不是补充就是多余，这样才叫经。经很难。所以，葛洪不写经，他要写一本子书。“子”是宗师的意思，不是祖师爷。中国人所说的祖和宗，二者的区别是很大的。全部是你开出来的叫作“祖”，继承的都叫作“宗”。葛洪很了解自己，他只敢写子书，不敢写经书。

葛洪用道家的精神为人处世。道家的精神是什么？第一，要养生。老子告诉我们，我们的所有毛病，都是身体带来的，但是没有身体，我们什么事都做不了。中国人说话都有两面性：身体最糟糕，但是身体最宝贵，这才叫一阴一阳之谓道。没有身体，你不会做坏事；没有身体，你不会被抓去坐牢；可是没有身体，你连好事也做不了。这才是中国话。老子让我们“贵生”，儒家提醒我们“身体发肤受之父母，不可损伤”，说的都是同样的意思。第二，要远祸。不要凑热闹，不要没事找事，惹祸上身。第三，山医命卜相。关于这一点，后面我会有详细说明。

《道德经》里讲，如果你要做好人，道也高高兴兴让你做好人；如果你要做坏人，道也高高兴兴让你做坏人。为什么？因为一切都是自作自受。每个人都要对自己负责任。

中国人讲责任。什么责任？就是你要对得起天地、对得起父母、对得起圣贤。几乎全世界的人都拜神，只有中国人不拜神。我们拜天地，天地不是神，也不是偶像；我们拜祖先，祖先不是神，也不是偶像；我们拜圣贤，老子是圣贤，释迦牟尼是圣贤，孔子是圣贤。

中国人在形容一个非常感动人的壮举时，常常会说：惊天地，泣鬼神。而且，在《西游记》《封神演义》等名著中，在民间流传的故事里，也有许多关于鬼神的传说。那么，中国人所讲的鬼神指的是什么？

我们所讲的鬼神跟西方人所讲的鬼神，是完全不一样的概念。人往生以后，会不会记得这一辈子的事情？很多时候我们会隐约感觉到，这个事情我好像知道，那就是你累世的记忆。同样两个人，都是第一次见面，怎么看其中的一个，都觉得好像很熟悉，总想跟他讲话；而看到另外一个，就觉得，算了，还是不跟他打交道好。我们把这个叫作“缘”。缘不是这辈子的，都是第一次见面，这辈子不会有什么缘。缘是前世结的，只是你记不住，但是你的潜意识记住了。人这一生，只有一样东西会带走，就是你的品德修养。而《道德经》主要就是讲这个的。

葛洪19岁立战功，没有得到提拔，他不在乎。北上游学以后，他就悟到，人如果有当官的机会，最好不要放弃。中华民族本来就是官本位的，有机会为人民服务，有什么不好？这是责任。否则读书干什么？修养品德干什么？这个不用避讳。

所以孔子说，如果有机会当官，就不要推辞。老子也说，如果没有机会当官，也不要泄气。这两句话没有什么不同。其实，通过孔子的一生，我们能够觉悟到一件事情：做人什么最重要？时间最重要。生不逢时，你有再大本事都没有用。孔子就是生不逢时，他有能力、有志气，可就是没有人用他。

葛洪给自己定的目标都完成了，这很了不起。他从20岁开始写书，写到35岁，花了15年时间写完了《抱朴子》。光写书有什么用？还要做给大家看才行。

葛洪人生中最精彩的时光，是50岁到61岁。50岁的时候，葛洪突然想当官了，他请求皇帝派他到交趾去当县令。那时候，葛洪的名气已经很大了，皇帝认为他身份高，去当县令不合适，不批准。

葛洪跟广东特别有缘，第一次举荐他当参军的，是广东的刺史。当时他还没有报到，刺史被刺身亡。这一次，皇帝不批准他去当交趾县令，又是广东刺史邀请他。葛洪一到广东，就看上了罗浮山。葛洪用行动告诉大家，很多事情是想做就可以去做的。

葛洪知道，人是有责任的。孟子说："天将降大任于斯人也。""大任"，即神圣的责任。我们每一个人都是有责任的。

葛洪生逢乱世，他给我们的最好的启示是，无论环境如何恶劣，不管风气多么败坏，他都能够走出一条路来。他的人生不长，61年，但这是一个完整的过程。这个过程提示我们：只要有目标，只要坚定不移，只要一步一步去走，我们就可以完成这一生的使命。

葛洪给我们的另一个启示是：知道是没有用的，要真正做到才厉害。我们都是中国人，我们每一个人都有同样的毛病，只是多少不同而已。什么毛病？我知道，就是做不到。做不到就等于零。人只有一张嘴巴，就是要少说；有两只手，就是要多做。人有一个脑袋，叫作"阳"；有两条腿，叫作"阴"——要少伤脑筋多动腿。很多人现在拼命伤脑筋，两条腿不动，这完全违反了养生之道。

养生“三要”

养生要“三通”

在餐厅或别的地方就餐时，只要听到旁边有人讲怎么养生、要吃什么菜的时候，我都是很不以为然的。因为，凡是会这样讲的，大概都是外行人，况且针对每个人的养生应该是不一样的，哪能一概而论呢？要知道，天底下没有哪两个人是完全一样的。西方人把每个人都看成是一模一样的，所以他们说，每人每天要吃一片维生素。其实这是错误的，因为每个人所需维生素的剂量不一样，每个人所欠缺的元素也不一样，怎么可以给大家都吃同样的东西呢？

其实，养生不是什么高深的学问，如果能够把握好以下几点，我们的身体就不会太差。

第一，要吃当地生长的东西。老天让一种东西生长在某个地方，是因为这个地方的人缺乏某种元素，而这种东西恰能给当地的人补充这种元素。这是最简单的道理。现在很多人喜欢吃引进的东西，这个是从墨西哥进口的，那个是从意大利运来的。人类互通有无，其实不应着眼于这些地方。到了该吃辣椒的地方，就应该多吃辣椒；到了不该吃辣椒的地方，就应该少吃辣椒。在什么时机，什么地方，使什么东西生长，都是有讲究的，都是自然形成的，我们不能人为地去破坏。

第二，要吃当令的东西。现在不是这样。一种作物明明已经到了收割的时令，有人为了赚钱，故意延长它的生长期，或者让它的生长期提前结束。这种行为按中国传统的观念讲，就叫逆天行事。逆天行事的结果会怎样，一想便知。我的祖父是中医，我从小跟随在他身边，他说过的一句话给我留下了很深刻的印象。他说："你这一辈子要记住，什么食物都少吃一点儿就对了。"我当时年纪小，不敢问为什么。到了我十几岁，就问他："为什么要少吃一点儿？"他说："就算你吃的食物有毒，你少吃点，中毒的量不够，你就不会有事。"现在可以吃的食物种类太多，我们无法清楚地了解什么食物有毒、什么食物没毒，所以只要每种食物都少吃一点，就算有毒，也不够致死，毒最终会自然排出体外。如果经常吃一种食物，万一它有毒，你就会因过量服食而中毒。所以，千万要记住，不管什么食物，都少吃一点，就不会有什么大问题。

另外，真正了解中华文化的人，会知道养生有三个要诀。第一，观念要通，观念不通会害死自己。讲一大堆理论的人，都是观念不通的人，养生并不是多么复杂的事情。第二，二便要通。二便就是大小便，只要有一个不通，就要小心了，可能是会致命的。第三，气血要通。只要气血通，人就没有大问题。现在很多人身体出了问题，根本原因就在于气血不通。

所以，养生要记住“三通”诀：一要观念通，二要二便通，三要气血通。一、二、三，简单明了，条理清楚。养生不是那么容易的事，关键是要坚持；养生也不是那么难的事，因为很容易做到。

| 养生在呼吸之间 |

我认为，养生可以总结为两个字——呼吸。

很多人都喜欢练气功，但是如果没有把其中的道理搞清楚就去练，将来可能受害。气功的门派很多，道理只有一个——“一”就是一切。呼气的时候，气要从前面往下走；吸气的时候，气要从背后往上走。很多人没有做到，最后把五脏六腑都伤害了。

到底是先呼后吸，还是先吸后呼呢？如果是先吸后呼，你就吸不进去，全身都是气，就吸不了了。所以要先呼后吸。换句话说，就是做人要舍得。在呼的时候千万要记住，气是从前面往下走的，这个比较容易。如果气从前面上，那就是逆，逆就会生火气。有些人练气功练到嘴鼻破了、生疮了，都是自己搞出来的。

在呼的时候，气从前面往下走，当呼尽的时候，有一个窍门：把气往后拉，拉到后面来，这个地方就叫命门。然后再往上吸，吸到最难走的地方，气上不去了，那个地方就是百会。到达百会再往下呼，这一段叫作“小周天”。吐纳的第一步就是要先练好小周天。

希望每个人都能先把吐纳练好，再一步一步推进。气有两种，气和炁，这两个字都读 qì ，区别在于，前者是后天的气，后者是先天的气。胎儿在母亲的子宫里，没有办法吸收外面的空气，是用先天气呼吸的。等到婴儿一出生，一剪断脐带，先天气进不来，就开始呼吸后天气了。婴儿一生下来就哭，就是为了练习呼吸。

人完全依赖后天的气，就容易受外界的干扰，如果把后天气恢复到先天气的话，在任何场合都不会受害。当然，我们不可能一下子达到这个高度，要一步一步来，先把吐纳练好，才能再谈其他。

刚开始练习吐纳的时候，要用意念带，习惯以后再把意念去掉。呼的时候要慢、要轻、要柔。有的人呼吸有声音，给人感觉很沉重，那样不好。呼的时候一定要慢，要把气吐得干干净净。开始要吸的时候，就把力道拉到后面去，从后面把气吸进来。只要完成了这个，贵身的第一步就做到了，保身就做到了。好歹先把身体这个臭皮囊保住，空有理想而保不住身体这个臭皮囊，最后什么事情都没有办法去做。

人是精气神三合为一的，缺一不可。哪一部分弱，就要将之补强，这就叫养生。所以，养生要看人，个体有什么需要才去做什么，才去服用什么，而不是每个人都一样。就算是同一个人，他每个时段所需要的功法都是不一样的。

要记住一句话：我们只活动，不运动。现在，人们都学西方人做运动。当你的手不需要这样动的时候，你这样动就有运动伤害；当你的手需要这样动的时候，你这样动就没有问题。到底是你听它的，还是它听你的？问题就出在这里。我们应该听它的，它需要你动，你才动，它不需要你动，你最好不动。

用一个字概括，就叫“气”。道是从气来的。当气起不来的时候，就叫操，事实上，大家都是在做太极操，根本不是在打太极拳。气起不来，你动半天也没有用。

坐不重要，静才重要

静坐静坐，重点不在坐。很多人认为坐重要，其实，坐不重要，静才重要。可以站着静坐，也可以躺着静坐，静坐不一定非要坐着，主要是看你能不能静得下来。

人随时都可以静，站着能静，躺着能静，哪里都能静，外面再吵也能静，摒除一切杂念，神越炼越清，人就会转愚为智，那些想不通的事情慢慢就都能想通。

静坐的最大功能，是借静坐以止息一切杂念。静坐的心法，儒、释、道三家不一样。儒家讲执中，释家讲中道，道家讲守中。儒家叫我们求生，当我们要求生的时候，就要对老者恭敬，这样才有办法。如果你现在批评孔子，你连求生都求不了。对孔子要恭敬，不要批评，我们没有资格批评孔子。如果我们想保生，就要求老子。求生很艰难，保生也不容易。最后发生问题了，一句阿弥陀佛，就化解掉了。这也是让我们安生，让我们乐生。有人说，这是鸵鸟心态，是阿Q精神，但这是我们的最后一关，我们已经尽了人事，问心无愧。所以，阿弥陀佛，善哉善哉，我都不排斥，我也不区分，我们通三家之好，三家一体，因为都是在讲《周易》。

把《周易》读通，全世界的东西就都通了。它很简单，就讲一个道理，对这些人这样的说法，对那些人那样的说法，一切都是方便说。方便说，用现在的话讲，就是随便说说，这也没有什么不敬。中国人很有意思，你随便说他可能就认真听，你认真讲他可能就不听了，最妙的地方就在这里。

我这里讲一个故事，大家可以做参考。我跟一位总经理认识十几年了，那位总经理跟我讲了他跟别人的一段对话。这个总经理跟一个老干部相处十几年，处得很好，他就问那个老干部："我们相处这么久，你说说看，我有什么优点？"老干部说："你优点太多。"总经理说："不用讲太多，只说一个就好。"老干部说："你很认真。"那个总经理说："当然要认真，不认真还得了，会耽误事情的。"总经理接着问："那你也说说看，我有什么缺点？"老干部说："你没有缺点。""不行，最少也要讲一个。""只讲一个！你太认真。"这就是《周易》。人不能不认真，又不能太认真，太认真也会坏事。

现在的人总是过度渲染，抓到一点就无限扩大，好像它是万能的。其实，关于这一点，人类早已经证明过了。开始的时候，数学家说用数学可以解决一切问题，最后宣告不行。然后，物理学家说用物理能解决一切问题，也不行。后来，化学家出来搞得一塌糊涂。现在，生物科学家出来了，也没有用。为什么都没有用？因为那些都只是道的一个角落而已。

道家精神：山医命卜相

山医命卜相

做人的最高境界是知行合一、道术兼修。道家有五个秘术：山医命卜相。山医命卜相，都是用来讲道的。遗憾的是，现在搞山医命卜相的人，慢慢都远离了道。

道很难琢磨，主要是靠自己悟，而悟起来也不容易，所以人们才会注重山医命卜相。山医命卜相，这五个字横着写，看不出什么名堂。如果竖着写，意思就不一样了。中国的文字，要么是一，要么是三，要么是五。一、三不见，一定是五。山医命卜相这五个字，哪个最重要？命最重要，因为它居中，你如果没有那个命，怎么做都没有用。

“山”是指要入山修道。能够成仙的地方叫山。入山修炼要修成仙，最后才认命，没有认命等于白修。

“医”，我们有各式各样的医。人其实不会生病，胎儿在妈妈的肚子里，根本呼吸不到外面的空气，就是靠脐带跟妈妈连在一起，那叫“先天一炁”。婴儿出生，脐带被剪断，嘴巴就张开了，上面的嘴巴一张开，下面的后庭也就打开了，上下一打开，人就开始依靠后天之气进行呼吸，这也意味着人开始逐渐走向死亡。所以，人能不开口时最好就不要开口，一开口就把气泄掉了。

老子让我们复归婴儿，不是让我们回归小孩子的状态，而是让我们回归到还没有长成小孩子的婴儿的状态。人慢慢地养成用身体呼吸，最后回归到原始的胎吸，这是最高深的功夫。

“医”的位置为什么排那么高？因为“道”经常透过医来实现。中医最常做的就是：把舌头伸出来看看。舌头看两面，前面看舌苔，后面看你的血管是很红，还是很细，颜色怎么样，然后判定你的身体状况。以前的中国人多半都有一些医学方面的修养。

“卜”是卜卦的卜，是要回归原来的状态，否则的话，这样一路走下去最后就是死亡。道是反过来走的，人不可能不死，但是人可以“长生不老”，“长生不老”不是靠保养就可以做到的，而是要“反”老还童。“反”字很重要，老子经常讲反。如果我们想通了就会了解，儒家的养生跟道家的养生道理是相同的。儒家就是让你坐直，让你安静，这样就够了。但是，大家都做不到。你要学打拳吗？其实没必要。当你能够静下来，当你气通了以后，自然会打出一套动作。每一个人在每一个不同的时间，打出来的动作都是不一样的，这才合乎自然。

平衡就是道，但是平衡只是一种很短暂的状态。平衡，不平衡，然后平衡，再不平衡……越往后平衡的时间越短，不平衡的时间越长，这就叫人生。

其实，人生很容易了解。当我们是小孩子的时候，不会去想乱七八糟的事情，慢慢长大以后，就开始想，而且越想越多。我们要记住一句话：人有偏道的倾向。从男人的角度看，偏道用两句话就能讲完：文章是自己的好，太太是别人的好。这就是男人的问题。所以，每个人都要努力了解自己。倾向是偏的，你才知道常常要复，复就是反省，就是走回头路，就是把自己拉回来，这就叫修。修就是不要让自己走太远，一看不对赶紧拉回来。人一开始就规规矩矩，一开始就没有偏道的倾向，这样好不好？答案是不好。为什么？因为活着没有价值。如果一个人这一辈子都很规矩，一直到死，请问他这一辈子在干什么？只有一件事情，他在消耗粮食。所以，人会偏道其实是上天的恩惠，我们要不断修正自己。而且，每个人的偏道都是不一样的。

长相是修来的

山医命卜相的这个“相”，就是人的长相。长相是人出生后的第一张名片。

一个人长得怎么样，就等于告诉大家他累世修得如何。红颜多薄命，女孩子长得美，很多都会命不好。长得美，说明累世修得好，怎么会薄命呢？因为长得美，自己很骄傲，父母也捧着、宠着，一些心怀不轨的人贩子也想把她拐卖掉。以前，女孩子越是长得美，父母就越是操心，不让她出门。现在不同了，女儿长得美，就让她去学唱歌、学跳舞。其实，很多人都不懂，长得美是在提醒你，不可以靠你的美色去赚钱，而且要警惕，不要让你的美色减少。但是，我们都知道，人都是越老越丑的。

所以，一个人越老长得越好，才表示他修得圆满。人老了会变丑，这是生命的规律，尽量不要让老来得那么快，这是我们要努力修的。于是，有人就跑去整容，这些都没有用。一个人要保养自己，最好的办法就是按照孔子所讲的“反求诸己”，要靠自己。靠自己很难，所以有些人天天靠外面，吃维生素，去美容，这些都不是办法。以前的人喜欢吃金子、吃玉，认为金子、玉都是永久不变的，所以吃金子、吃玉就会长生不老，就会永葆青春。这种错误观念害死了很多人，像秦始皇、汉武帝都相信这一套，最终都是受害者。

女大十八变。一个女孩儿最幸运的就是刚出生的时候很丑，在成长过程中慢慢变美，越长越美，到了四十岁变成一枝花，这才叫修得好。刚出生时很美，然后越来越命苦，到了二十几岁就想跳楼，这种人的命就很惨。很多女歌星、女影星的命运就是这样，人前看着光鲜，人后都很辛酸。

福禄多在丑人边。大家有没有注意到，那些高官们的太太都有一个共同点，多数长相都很一般。这些也是讲究配套的，很有意思。

我经常喜欢提鲍姑这个女人。鲍姑是太守的女儿，那时候葛洪家道中落，想高攀鲍姑都攀不上。但是两人在罗浮山成就了一段姻缘。鲍姑没有留下什么，可是大家都知道，她是第一位从事艾灸研究的女性，而且研究得很深入，因此我们格外崇敬她。我们到一个新地方，不要过于关注这个地方有什么好吃的，好玩的，那些都没意思。要了解这个地方有什么深刻的道理值得我们带回去，不但自己学习，还要向身边的人分享这个道理，影响更多的人，这才是我们游学的目的。

相随心变。你最近状况如何，大家一见面大概就知道了，所有的东西都沉淀在面上。身体是最诚实的，你的面部皮肤也会很诚实地体现出你的身体状况，它会如实地呈现你的五脏六腑的状况。从中医上讲，如果你的面相变了，你就要注意是不是身体的哪个部位发生了状况。气象叫天象，人象叫面相、手相，地象叫地理。很多人把地理归到山，那是错的，地理跟山没有关系，那是相。你一看就知道对面的人是怎么回事，但是如果你一下子讲出来，他未必相信，他会问你的依据。所以我们才用卜，卜给他看。

福地福人居

居处是有风水讲究的，好就是好，坏就是坏。但是有人会把好看成坏，把坏看成好，这是人的问题。所有的问题都因人而起，所有的问题又都需要靠人来化解。慢慢地我们就会知道，人的定位很尴尬。同样是老人，孔子讲“老而不死是为贼”。可是我们又说，“家有一老如有一宝”。所以，老人要反省，你到底是贼还是宝？阴阳会变化，贼变宝，宝变贼，任何东西都有一体两面。

我们每个人也要经常地反省自己，把自己调整好，否则一念之差就会反转。

在北京，南北走向的路都很正，不会歪歪斜斜。可是南方的路多半会故意斜一点儿，这都是有讲究的。中国人盖房子，先设计里面，把里面方方正正做好，然后才设计外面。地球的磁场是南北向的，人体也是一个磁场，所以晚上睡觉的时候最好顺着南北向，这是很科学的。

科学是规矩的，不懂的人乱搞才叫迷信。但是我们千万要记住：风水是存在的，同时也是非常不可靠的。福地福人居，只要你是有福之人，你住哪里，哪里风水都好。怎么理解福地呢？一个人所处的环境如果适合人的实际需要，便是福地。

我们看孔子，他最希望能够得到国君的赏识，他曾经讲过，给他三个月或半年时间用来教化民众就会看见成效，可是孔子最终也没有得到国君的赏识。孔子告诉我们，一个人生下来最重要的就是看有没有那个位置，如果一辈子找不到位置，就要有找不到位置的活法。孔子提出“时”的观点后，发现“时”对他不利，于是，他一辈子都在做一件事，叫作“藏”。藏道于民，把道从有位置的大人物藏到一般的普通人的位置。藏道于民是孔子一生最大的贡献。孔子是第一个把教育推到平民中的人。不知大家有没有想过我们为什么那么尊重孔子，就是因为有了孔子以后，老百姓变聪明了。

本来只有大人物才会了解道。我们藏道于民，通过什么？通过山医命卜相。山医命卜相就是老百姓的道。很多人说孔子不讲这个，其实那都是后来被扭曲了，被篡改了。